忻州文物

壁画卷

忻州市文物局 编

山西出版传媒集团

三晋出版社

《忻州文物·壁画卷》编委会

凡 例

一、《忻州文物·壁画卷》旨在全面介绍忻州市各个时代、各种题材的壁画艺术，以欣赏、研究的方式多角度展示壁画遗产和文物保护成果。由于篇幅所限，无法逐一介绍，本书选取了三十多个文物保护单位的精美壁画，上起北朝，下至民国。

二、本书内容由三部分组成：一是忻州市壁画遗产，包括寺庙壁画、石窟寺壁画和墓葬壁画；二是关于忻州市现存寺庙壁画的统计表，一定程度上反映了忻州市壁画的全貌；三是关于忻州市壁画艺术的一些论文和研究成果。

三、本书所选壁画的编排顺序打破了以往按年代先后的传统，改为以题材分类，使全书内容更集中、脉络更清晰。内容包括佛教、道教、儒释道三教合一、水陆画、关公故事、岳飞故事、西游记及龙王、财神、河神、五道庙、真武庙、赵武灵王、介子推故事、包公故事等，不仅涉及三大教，而且还有本土民间信仰以及通俗小说、戏剧、传说、故事等多元题材。

四、壁画统计表数据源于第三次全国文物普查时登记，个别缺失的数据为初始时即遗漏，留待日后完善。

五、论文选自不同时期不同刊物，编选时已就总的体例作了统一，但仍有一些细节无法一致，因而保持原貌。

六、计量单位的采用按国家相关规定执行，个别地方遵从习惯。

序 言

我的家乡原平，是全国闻名的炕围画之乡。记得二十世纪七十年代，我小时候，母亲务农，全靠父亲每月 20 多元的工资养活一大家子。彼时，还吃不饱穿不暖，母亲竟毅然决然地花 300 多元请画匠画盘炕围画，要知道那可是父亲一年的收入呀！炕围画大约画了一个多月，画成后家里顿时蓬荜生辉。当时的题材受限制，除花鸟山水外，人物故事只能画《西游记》，典型的是孙悟空三打白骨精。及长，我才明白精神的享受、美的追求是每个人的权利，无关贵贱贫富。文以载道，美亦载道，无不打上时代的烙印。

从事文物工作后，才了解到几万年前人类就在洞窟、岩壁上画岩画。考古发现，国内最早的墓葬壁画在西汉中晚期就已出现，在事死如事生的那个时代，想必大地主的庄园豪宅里早已雕梁画栋了，这些都是人居环境里出现的。

差不多同时期佛教东渐中土后，与本土的儒教、道教融合过程中，逐渐形成了建筑、塑像、壁画三位一体、缺一不可的状况。民间还有祈愿风调雨顺、国泰民安，崇尚忠勇义胆的信仰，呈现出泛神的情形……人们把对生命的思考、宇宙的探究和对美好生活的向往寄托在各种艺术表现形式之上，从而创造了宝贵的文化遗产，壁画就是其重要载体之一。壁画在营造佛国世界、神的世界的同时，又起着教化的独特作用，这一点想必与人居环境里出现的壁画性质是一致的，既娱神又娱人。

忻州市的壁画遗产源远流长，蔚为壮观，其文物价值和艺术价值非同凡响。从空间分布来看，相对集中于五台山地区（主要是五台、繁峙两县境内），但其他县（市、区）也有精美绝伦的壁画遗存，如忻府区九原冈的北朝墓葬壁画、原平市中阳乡的金代墓葬壁画、宁武县万佛洞的明代壁画、代县赵武灵王祠的清代壁画、河曲县岱岳庙的清代壁画、保德县义门镇的清代壁画、偏关县梨园河神庙的清代壁画等，涵盖了寺庙壁画、石窟寺壁画和墓葬壁画；从时间上看，唐、宋、金、元、明、清、民国，不曾间断，且均有惊世之作，如五台县佛光寺东大殿现存的唐代壁画（国内寺观壁画唯一的唐画孤本）、佛光寺东大殿现存的宋代壁画、繁峙县岩山寺的金代壁画、五台县南禅寺的元代壁画、繁峙县公主寺的明代壁画、五台县佛光寺文殊殿的明代壁画、五台山南山寺的明代壁画、繁峙县南龙兴关帝庙清代关羽故事壁画、五台山龙泉寺文殊殿民国年间的五百罗汉过江壁画等……都是同时代壁画艺术的巅峰之作；从题材和内容来看，忻州市壁画遗产涉及佛教、道教、儒释道三教合一、本土民间信仰以及通俗小说、戏剧、传说、故事等多元题材，如水陆法会、佛传故事及本生故事、"经变"故事、五百罗汉、东岳大帝、河神、财神、龙王布雨、关公故事、岳飞故事、包公故事、西游记……可以说是包罗万象、异彩纷呈。

忻州市壁画艺术除以上特点外，还具有极高的美学价值，在构图、笔墨、造型、设色等方面独具匠心。如佛光寺东大殿唐代壁画"焦墨淡彩"的晚唐风韵可与敦煌石窟壁画相媲美；岩山寺文殊殿金代壁画以建筑为中心的全景式构图、沥粉贴金技艺及其宋代院体画风，独树一帜，被誉为壁上的"清明上河图"；公主寺水陆壁画的布局讲究对称统一、以"动"取"势"，其风格趋向世俗化、装饰化和程式化。此外，忻州市的寺观壁画还普遍运用"绘塑合一"的创作理念，壁画与殿内的雕塑相呼应，在有限的空间内营造出宏大而和谐的艺术境界。壁画大多是有粉本的，所以历史上出现了以绘制壁画谋生的画匠，我的家乡原平成为全国知名的炕围画之乡，与一大批画匠的存在是有关系的。五台山周边地区的壁画风格大多中规中矩，缺少个性化创作特点，反之，黄河岸边"河、保、偏"三县的壁画却多了几分生活的情趣与率真。

值得注意的是，史上因"灭法"运动及其他因素导致消失的鸿篇巨制还有很多。如，唐龙朔年间会赜等人奉敕绘制的《五台山图》，唐开元年间吴道子所绘《五台山十寺血脉图》，均为唐五代之际国内外僧侣香客求取和摹画同类题材的原创画本；日僧圆仁在《入唐求法巡礼行记》中记载的五台山竹林寺等处所绘"佛陀波利与文殊化现老人于五台山见面"的壁画，也是唐五代以降此类题材壁画绘制的源头；中唐之际五台山金阁寺所绘《诸曼荼罗》，是中原地区最早引入的印度密教造像样式图案之一……只可惜，这些艺术珍宝早已隐入历史的尘烟，我们只能在现存壁画及相关资料的记载中重温其往日的辉煌。而现存壁画虽然"风采依旧"，但也随着时代的更迭出现了不同程度的损毁。特别是前些年，一些壁画惨遭盗割，令人扼腕叹息。

留住文化根脉，守住民族之魂。近年来，各级政府高度重视文物保护利用和文化遗产保护传承。《忻州文物·壁画卷》是继《五台山碑文》《忻州文物·石雕卷》《忻州文物·长城卷》《忻州文物·造像卷》之后，忻州市文物局编制出版的又一部精品力作，也是贯彻落实习近平文化思想，展示和传播中华优秀传统文化，让文物和文化遗产"活起来"的重要举措。

伴随着本书的问世，"活起来"的壁画遗产正拂去历史的尘埃，带着浓郁的文化气息扑面而来。

编者
2023 年 10 月

目 录

图 版

寺庙壁画

3

论 文

图版

五台县佛光寺东大殿栱眼壁画

《西方净土变》壁画局部·阿弥陀佛群组

《西方净土变》壁画局部·观音菩萨群组

《西方净土变》壁画局部·大势至菩萨群组

附：《卷草图》唐代

五台县佛光寺东大殿栱眼壁画

11

五台县佛光寺东大殿拱眼壁画

寺庙壁画·佛教【诸佛故事】

13

《千佛图》局部

《千佛图》局部

《千佛图》局部

《千佛图》局部

17

《千佛图》局部

《千佛图》局部

19

《千佛图》局部

《千佛图》局部

21

三 《佛传图》金代

繁峙县岩山寺文殊殿西壁

缘起授记

入胎降生

示现神变

修行成道

《佛传》故事发展脉络（线图）

《佛传》故事局部

此是五居轮寻
觅太子不见之处

《佛传》故事局部

《佛传》故事局部

《佛传》故事局部

榜题为「此是青衣买七枝金莲花之处」局部　文殊殿西壁

榜题为"此是青衣买七枝金莲花之处"局部

摩耶夫人攀血
憂樹誕太子處

榜题为"摩耶夫人攀无忧树降太子处" 文殊殿西壁

榜题为"地神捧金盆九龙喷水沐浴处" 文殊殿西壁

榜题为「梵王集群臣朝觐诠名悉达处」 文殊殿西壁

榜题为「此是太子对诸王掷象往空处」 文殊殿西壁

35

榜题为"此是太子背射九重铁鼓之处"局部

榜题为"此是太子西门见死伤心之处"局部　文殊殿西壁

寺庙壁画·佛教【诸佛故事】

榜题为"此是四天王捧马足离宫之处"局部　文殊殿西壁

38

此是四天王捧马足离宫之处

榜题为"此是四天王捧马足离宫之处"（线图）

榜题为「此是车口口太子回来问信处」 文殊殿西壁

榜题为"此是泥连河边沐浴成佛之处"局部　文殊殿西壁

榜题为"此是牧牛女献乳太子之处" 文殊殿西壁

榜题为 "释迦摩（牟）尼佛为梵王现神变处"　文殊殿西壁

榜题为"此是对诸国王等应难论之处" 文殊殿西壁

宮城建筑壁画局部　文殊殿西壁

四 《佛本生经变》金代

繁峙县岩山寺文殊殿东壁

壁画局部

壁画局部

寺庙壁画·佛教【诸佛故事】

《鬼子母宴饮图》 繁峙县岩山寺文殊殿东壁

《鬼子母宴饮图》 文殊殿东壁

《婴戏图》 文殊殿东壁

《婴戏图》（线图）

《水磨图》 文殊殿东壁

《鬼子母揭钵救子图》 文殊殿东壁

《上朝图》 文殊殿东壁

《扣童图》 文殊殿东壁

《掠童图》 文殊殿东壁

《天仙伎乐图》文殊殿东壁

《放生图》 文殊殿东壁

《龙王宴请图》 文殊殿东壁

六　《诸佛图》金元

寺庙壁画·佛教【诸佛故事】

五台县佛光寺东大殿扇面墙后壁画

白描《诸佛图》局部

寺庙壁画·佛教【诸佛故事】

五台县佛光寺东大殿栱眼壁画

《诸佛图》局部

寺庙壁画·佛教【诸佛故事】

买花供佛

买花供佛

布发掩泥

布发掩泥

上記兜率

上托兜率

瞿曇貴姓

瞿昙贵姓

乘象入胎

家选饭王

树下诞生

九龙灌浴

游观农务

77

讲演武艺

饭王获梦

78

落发贸衣

调伏二仙

六年若（苦）行

车匿辞还

牧女献糜

观菩提树

天人献草

天人献衣

二商奉食

仙人求度

二弟皈依

林间宴坐

弃除祭器

四王献钵

玉耶受训

83

竹园精舍

迦叶求度

佛化无恼

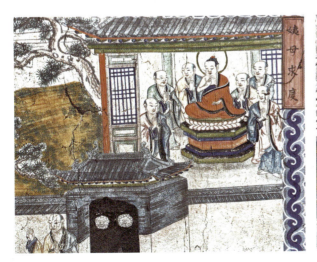

姨母求度

度跋陀女

悬记法住

育王起塔

金鼓忏悔

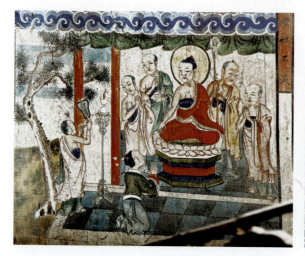

灯燃不灭

马鸣辞屈

贫公见佛

佛化虚卢志

白狗吠佛

度捕猎人

采花献佛

度除粪人

救度贼人

佛救婴儿

金刚请食

度网鱼人

佛化丑儿

老乞遇佛

说苦佛来

嘱分舍利

施食缘起

杨枝净水

施衣得记

衣救龙难

证明说咒

寺庙壁画·佛教【诸佛故事】

五台山龙泉寺东院大雄宝殿西壁

五台山龙泉寺东院大雄宝殿西壁

寺庙壁画·佛教【观音菩萨】

繁峙县岩山寺文殊殿北壁西梢间、西次间及东梢间

《观音经变》壁画局部 文殊殿北壁西梢间

《五百商人海上遇难图》 文殊殿北壁西梢间

寺庙壁画·佛教【观音菩萨】

《海市蜃楼图》 文殊殿北墙西梢间

《影壁小院图》 文殊殿北壁东梢间

寺庙壁画·佛教【观音菩萨】

繁峙县宝藏寺观音殿

繁峙县宝藏寺观音殿

观音菩萨

太上老君

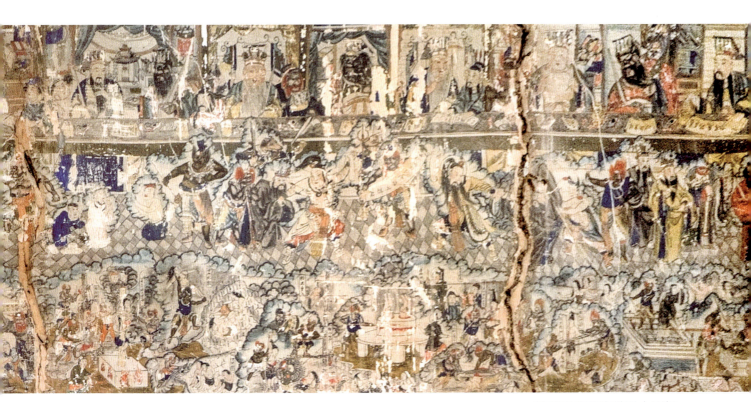

繁峙县宝藏寺佛说十王经

寺庙壁画·佛教 【观音菩萨】

五台县宝墙村灵应寺观音殿东

五台县宝墙村灵应寺观音殿西

五台县宝墙村灵应寺观音殿东局部

五台县宝墙村灵应寺观音殿西局部

寺庙壁画·佛教【观音菩萨】

105

十三 《观音送子》清代

河曲县下养仓观音庙壁画

《百子婴戏图》

寺庙壁画·佛教【众菩萨图】

五台县佛光寺东大殿拱眼壁画

《诸菩萨众图》壁画局部

十五 《五百罗汉图》明代

五台县佛光寺文殊殿

115

《五百罗汉图》壁画局部

《五百罗汉图》壁画局部

《五百罗汉图》壁画局部

《五百罗汉图》壁画局部

《五百罗汉图》壁画局部及线图

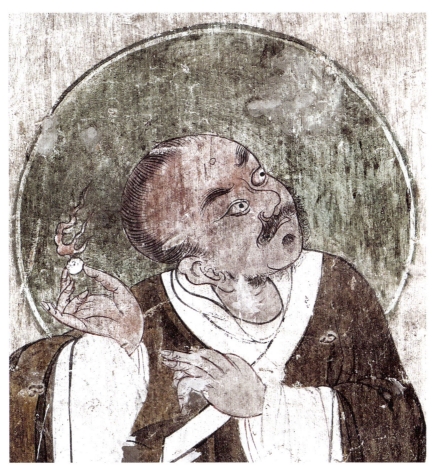

《五百罗汉图》壁画局部及线图

123

《五百罗汉图》壁画局部

125

《五百罗汉图》壁画局部

《五百罗汉图》壁画局部

129

《五百罗汉图》壁画局部

131

《五百罗汉图》壁画局部

《五百罗汉图》壁画局部

《十八罗汉》 繁峙县宝藏寺

寺庙壁画·佛教 【罗汉】

五台山金阁寺大佛殿

寺庙壁画·佛教【罗汉】

五台山龙泉寺大雄宝殿东壁

五台山龙泉寺大雄宝殿西壁

十九 《毗沙门天降魔护法图》唐代

五台县佛光寺东大殿释迦牟尼佛须弥座束腰处壁画

《毗沙门天降魔护法图》局部·毗沙门天及吉祥天女

《毗沙门天降魔护法图》局部

《毗沙门天降魔护法图》局部

《毗沙门天降魔护法图》局部（线图）

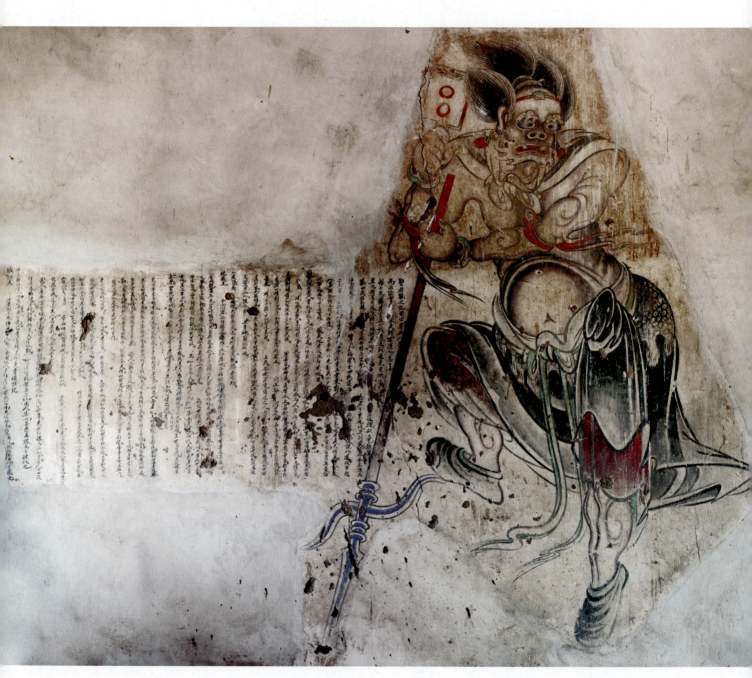

忻府区金洞寺正殿

忻府区金洞寺正殿

五台山南山寺极乐寺大雄宝殿

五台山南山寺极乐寺大雄宝殿

繁峙县三圣寺地藏殿

寺庙壁画・佛教【善财童子】

榜题为"第一妙峰山参德云比丘四维不见"五台山南山寺佑国寺雷音殿

榜题为"第二诣海门国参海云比丘"

榜题为"第三楞伽道海岸参善住比丘"

榜题为"第四达里鼻茶（茶）国城参弥伽人"

榜题为"第五住林聚落参解脱长者"

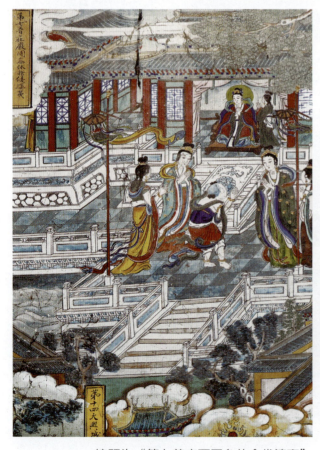

榜题为"第七普庄严园参休舍优婆夷"

榜题为"第八海潮处那罗素国参毗目瞿沙仙人"

榜题为"第九伊沙那聚落参胜热婆罗门"

榜题为"第十师子奋讯城参慈行童女"

榜题为"第十一三眼国参善见比丘"

榜题为"第十二名闻国于河渚上参自在（主）童子"

榜题为"第十三海住城中参具足优婆夷

第十五师子宫城参法宝髻长者

榜题为"第十四大兴城参明智居士"

榜题为"第十六藤根国普门城参普眼长者"

榜题为"第十五师子宫城参法宝髻长者"

第十八沙光城荼人光王

榜题为"第十七多罗幢城参无厌足王诏入宫"

榜题为"第十八妙光城参大光王"

榜题为"第十九安住王都参不动优婆夷"

榜题为"第二十都萨罗城中参遍行外道"

榜题为"第二十一广大国中参优钵罗华长者"

榜题为"第二十二楼阁大城中参婆施船师商人共论"　　　　　　　　　　　　榜题为"第二十三可乐城中参无上胜长者"

榜题为"第二十四输那国迦林城中参师子频申比丘（尼）"　　榜题为"第二十五险难国庄严城中参婆须蜜多女"

榜题为"第二十八即此空中参正趣菩萨"

榜题为"第三十二此闫（阎）菩提场内参普德净光主夜神"

榜题为"第三十四此众会中参普救众生妙德主夜神"

榜题为「第三十五此菩提场中参寂静音海主夜神」

榜题为「第三十六此菩提场如来会中参守护城主夜神」

166

榜题为「第三十七此佛会中参开敷树华主夜神」

榜题为「第三十九此阎浮提岚毗尼园中参妙德圆满神」

167

寺庙壁画·佛教【地狱变】

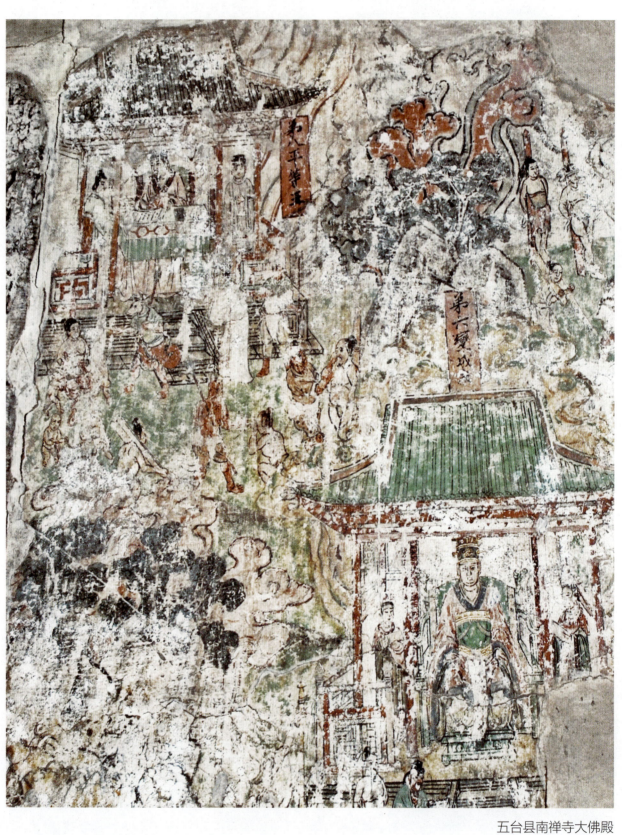

五台县南禅寺大佛殿

壁画局部

榜题为"弟（第）八平等王"壁画局部

壁画局部

壁画局部

榜题为"十四者所生之处见佛闻法"壁画局部

寺庙壁画·佛教【地狱变】

《十殿阎罗》东侧　繁峙县南龙兴崇山寺

《十殿阎罗》西侧　繁峙县南龙兴崇山寺

《十八层地狱图》 代县东滩上村峨阑禅院正面

《十八层地狱图》 代县东滩上村峨岚禅院东墙

寺庙壁画·佛教【地狱变】

寺庙壁画·佛教【地狱变】

繁峙县宝藏寺西墙

寺庙壁画·佛教【地狱变】

河曲县岱岳庙地藏殿判官殿东

魏州朱判官官天下攝魂取令司

岳州李判官官天下禮佛證果司

德州卿判官官天下把送催生司

虢州黄判官官天下增福延壽司

清州于判官官天下好行平等司

永安縣崔判官官天下賍皆偽人司

延安府周判官官天下□□□□司

净土教龍王官天下雨師風伯司

公州孫判官管天下閉塞道路司

宣州龐判官管天下分門定人司

通州高判官管天下剗除拔苦司

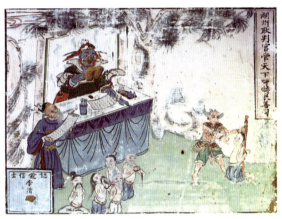

湖州殷判官管天下呼�}民善司

慶州徐判官管天下膝心筭帳司

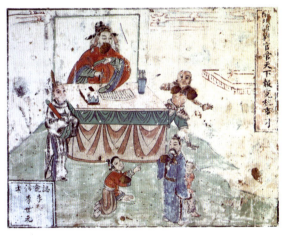

判官管天下觀變校量司

忻州單判官管天下請佛功德司

河曲县岱岳庙地藏殿判官殿东

183

湖廣錢判官管天下賬心嫉妒司

誠信龕士程廣裕

涼州馮侍卸管天下油鍋地獄司

誠信龕士鄧芽星

濟州閻判官管天下切德惡策司

誠信龕士王保通

昆州孫判官管天下沉積惡題司

誠信龕士鄧運戒

忻州王判官管天下疾治病司

石州常判官管天下憤恨孤身司

誠信龕士

息州章判官管

河曲县岱岳庙地藏殿判官殿西

185

三元縣弘判官管天下冤仇恨司

臨汾縣劉判官管天下罵詈骨始司

檀州遺判官管天下孝子賢孫司

巴州許判官管天下貪濫賞罰司

彰德府許判官管天下殺耕牛司

堅州王判官管天下師巫錯治司

寺庙壁画·佛教 【地狱变】

河曲县岱岳庙地藏殿判官殿西

左三司 繁峙县三圣寺地藏殿南壁

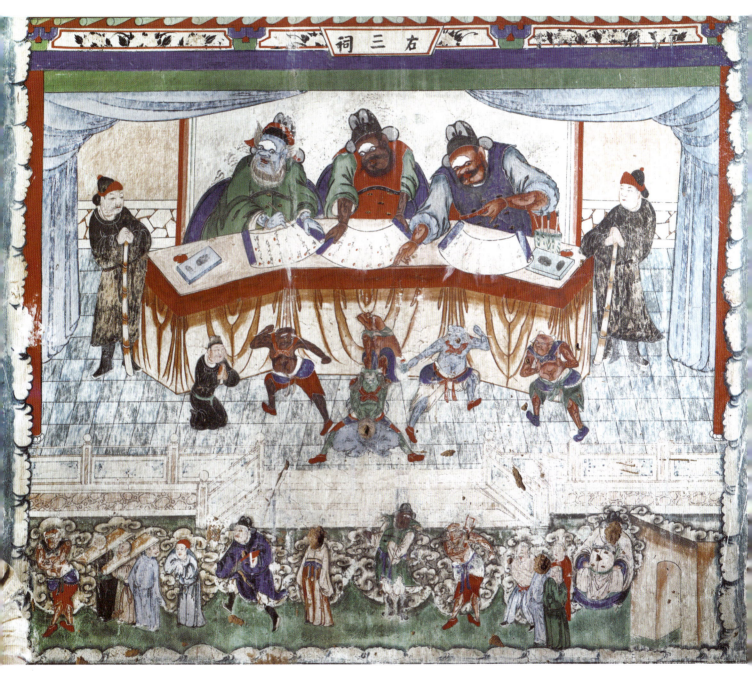

右三司　繁峙县三圣寺地藏殿南壁

繁峙县三圣寺地藏殿东壁

二十九 《地藏十王图》民国

五台山海会庵地藏殿

三十 《东岳大帝图》清代

寺庙壁画·道教

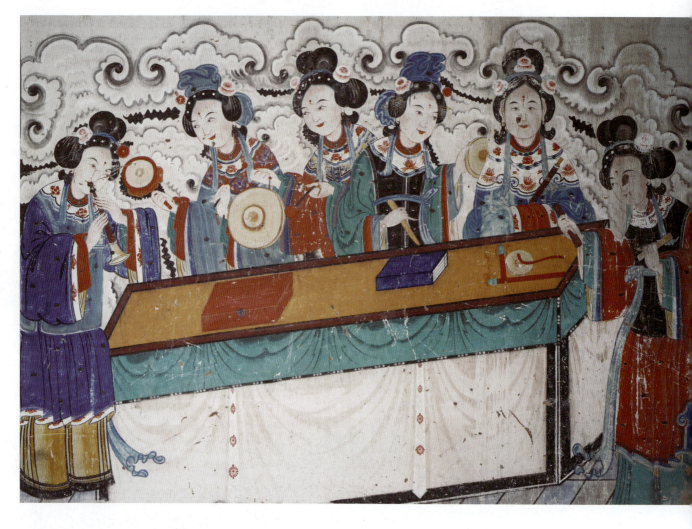

《八音会仕女图》局部

196

《八音会仕女图》 繁峙县天齐庙东岳殿北壁

《八音会仕女图》局部

《东岳大帝出巡图》

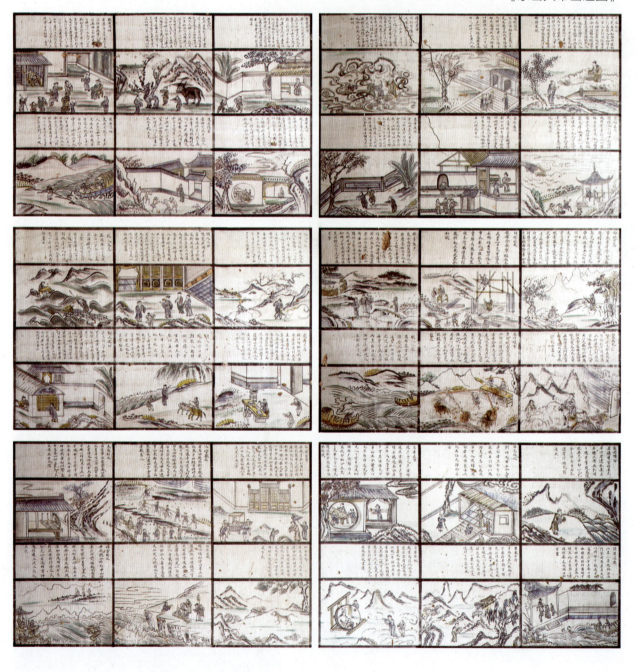

《东岳大帝归巡图》

《太上感应篇》二十六条善行和一百七十条恶行场景图　繁峙县天齐庙东岳殿

泰山神眷属七十二司圣众　繁峙县天齐庙东西配殿

泰山神眷属七十二司圣众　繁峙县天齐庙东西配殿

三十一 《圣母巡幸和回宫图》清代

寺庙壁画·道教

河曲县岱岳庙圣母殿正面局部

《巡幸图》 河曲县岱岳庙圣母殿

202

河曲县岱岳庙圣母殿正面局部

《回宫图》 河曲县岱岳庙圣母殿

寺庙壁画・道 教

河曲县罗圈堡村真武庙壁画西墙

河曲县罗圈堡村真武庙壁画西墙

寺庙壁画·道 教

五台山海会庵玉皇殿

寺庙壁画·儒释道三教合一

太上老君

繁峙县下小沿村沿山寺大雄宝殿

佛主

孔子

繁峙县下小沿村沿山寺大雄宝殿

209

三教众神祇 繁峙县下小沿村沿山寺大雄宝殿

繁峙县下小沿村沿山寺西壁

繁峙县下小沿村沿山寺东壁

三十五《三教人物壁画》清代

繁峙县上台庄村三教庙正殿

繁峙县上台庄村三教庙正殿

寺庙壁画·佛教【水陆画】

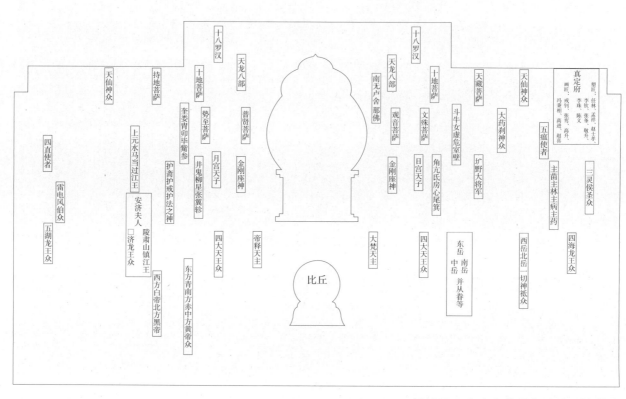

繁峙县公主寺大雄殿东壁壁画位置图

榜题为「南无卢舍那佛」繁峙县公主寺大雄殿东壁

繁峙县公主寺大雄殿东壁壁画

三靈侯聖眾

四海龍王眾

榜题为"三灵侯圣众"　繁峙县公主寺大雄殿东壁

榜题为"四海龙王众" 繁峙县公主寺大雄殿东壁

榜题为"主苗主林主病主药" 繁峙县公主寺大雄殿东壁

榜题为"五瘟使者"　繁峙县公主寺大雄殿东壁

真定府

塑匠李欽　任林　孟祥　趙士孚

畫匠高昇　戎剣　張鸞　敬昇

高進　馮秉相　李珠　陳義

趙喜

榜题为"天仙神众"及塑绘题记　繁峙县公主寺大雄殿东壁

榜题为"西岳北岳一切神祇众" 繁峙县公主寺大雄殿东壁

榜题为"大药刹神众" 繁峙县公主寺大雄殿东壁

榜题为"天藏菩萨" 繁峙县公主寺大雄殿东壁

榜题为"圹野大将军" 繁峙县公主寺大雄殿东壁

榜题为"东岳南岳中岳并从眷等" 繁峙县公主寺大雄殿东壁

榜题为"斗牛女虚危室壁" 繁峙县公主寺大雄殿东壁

榜题为"十地菩萨" 繁峙县公主寺大雄殿东壁

角亢氐房心尾期辰青

四大天王衆
信士閻敏

東岳
中嶽
并從眷

榜题为"角亢氐房心尾箕" 繁峙县公主寺大雄殿东壁

榜题为"文殊菩萨"　繁峙县公主寺大雄殿东壁

233

榜题为"四大天王" 繁峙县公主寺大雄殿东壁

日宫天子信士男善人吏政長男吏文通

榜题为"日宫天子" 繁峙县公主寺大雄殿东壁

榜题为"四大天王众" 繁峙县公主寺大雄殿东壁

榜题为"天龙八部" 繁峙县公主寺大雄殿东壁

榜题为"普贤菩萨 势至菩萨" 繁峙县公主寺大雄殿东壁

観音菩薩

金剛座

榜题为"观音菩萨"　繁峙县公主寺大雄殿东壁

榜题为「金刚座神」繁峙县公主寺大雄殿东壁

金刚座神

信士李鑑

榜题为「金刚座神」繁峙县公主寺大雄殿东壁

榜题为「大梵天王」　繁峙县公主寺大雄殿东壁

榜题为「帝释天主」 繁峙县公主寺大雄殿东壁

榜题为「大梵天眷属」 繁峙县公主寺大雄殿东壁

243

榜题为"月宫天子" 繁峙县公主寺大雄殿东壁

井鬼柳星張翼軫

榜题为"井鬼柳星张翼轸" 繁峙县公主寺大雄殿东壁

榜题为「奎娄胃昴毕觜参」 繁峙县公主寺大雄殿东壁

榜题为「东方青南方赤中方黄帝众」 繁峙县公主寺大雄殿东壁

榜题为「持地菩萨」 繁峙县公主寺大雄殿东壁

寺庙壁画·佛教【水陆画】

榜题为「上元水马当过江王」繁峙县公主寺大雄殿东壁

248

寺庙壁画·佛教【水陆画】

榜题为「护斋护戒护法之神」 繁峙县公主寺大雄殿东壁

榜题为「西方白帝北方黑帝」 繁峙县公主寺大雄殿东壁

榜题为"雷电风伯众" 繁峙县公主寺大雄殿东壁

榜题为「安济夫人陵肃山镇江王囗济龙王众」 繁峙县公主寺大雄殿东壁

榜题为「四直使者」 繁峙县公主寺大雄殿东壁

榜题为"五湖龙王众" 繁峙县公主寺大雄殿东壁

寺庙壁画·佛教【水陆画】

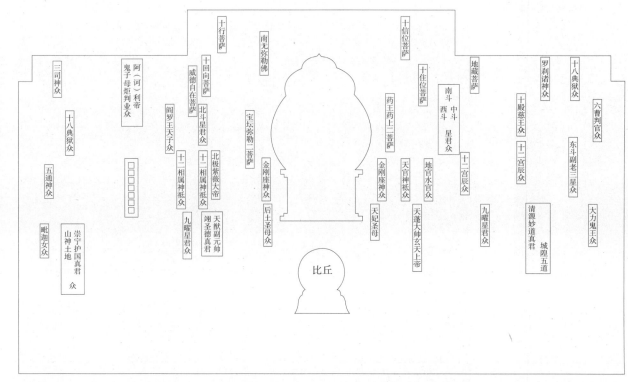

十行菩萨

十回向菩萨

威德自在菩萨

北斗星君众

北极紫薇大帝

十二相属神祇众

十二相属神祇众

九曜星君众

天猷副元帅

朔圣德真君

南无弥勒佛

宝坛弥勒二菩萨

金刚座神众

后土圣母众

十信位菩萨

十住位菩萨

药王药上二菩萨

金刚座神众

天妃圣母

地藏菩萨

南斗　中斗

西斗　星君众

十二宫辰众

地官水官众

天官神祇众

天蓬大帅玄天上帝

九曜星君众

罗刹诸神众

十殿慈王众

十二宫辰众

清源妙道真君

城隍五道

十八典狱众

东斗副老三星众

大力鬼王众

六曹判官众

三司神众

阿（诃）利帝

鬼子母炬判业众

十八典狱众

阎罗王天子众

五通神众

毗迦女众

崇宁护国真君

山神土地

众

比丘

繁峙县公主寺大雄殿西壁壁画位置图

252

榜题为"南无弥勒佛" 繁峙县公主寺大雄殿西壁

繁峙县公主寺大雄殿西壁南

榜题为"十殿慈王众"　繁峙县公主寺大雄殿西壁局部

榜题为"六曹判官众"　繁峙县公主寺大雄殿西壁

榜题为"大力鬼王众" 繁峙县公主寺大雄殿西壁

榜题为"十八典狱众" 繁峙县公主寺大雄殿西壁

榜题为"五通神众" 繁峙县公主寺大雄殿西壁

榜题为"东斗副老三星众" 繁峙县公主寺大雄殿西壁

261

榜题为"十二宫辰众" 繁峙县公主寺大雄殿西壁

九曜星君众

榜题为"九曜星君众" 繁峙县公主寺大雄殿西壁

榜题为"九曜星君众" 繁峙县公主寺大雄殿西壁

榜题为"清源妙道真君城隍五道" 繁峙县公主寺大雄殿西壁

榜题为"南斗中斗西斗星君众" 繁峙县公主寺大雄殿西壁

榜题为"地藏菩萨" 繁峙县公主寺大雄殿西壁

地官水官众

天逢大帅

榜题为"地官水官众" 繁峙县公主寺大雄殿西壁

榜题为"天蓬大帅玄天上帝" 繁峙县公主寺大雄殿西壁

榜题为"金刚座神众 天官神祇众" 繁峙县公主寺大雄殿西壁

榜题为"药王药上二菩萨" 繁峙县公主寺大雄殿西壁

271

榜题为"金刚座神众" 繁峙县公主寺大雄殿西壁

天妃聖母 信士羅善人 王儒

榜题为"天妃圣母" 繁峙县公主寺大雄殿西壁

榜题为"后土圣母众" 繁峙县公主寺大雄殿西壁

榜题为"宝坛弥勒二菩萨" 繁峙县公主寺大雄殿西壁

榜题为"北极紫薇大帝" 繁峙县公主寺大雄殿西壁

北斗星君众信士男善人谢喜

十二相属神祇众信士郭

榜题为"北斗星君众" 繁峙县公主寺大雄殿西壁

十二相属神祇众
信士男善人
郭子贵

榜题为"十二相属神祇众" 繁峙县公主寺大雄殿西壁

榜题为"天猷副元帅翊圣德真君" 繁峙县公主寺大雄殿西壁

榜题为"阎罗王天子众" 繁峙县公主寺大雄殿西壁

榜题为"阿（诃）利帝鬼子母炬判业众" 繁峙县公主寺大雄殿西壁

榜题为"五通神众" 繁峙县公主寺大雄殿西壁

榜题为"三司神众" 繁峙县公主寺大雄殿西壁

毗
迦
女
众

榜题为「毗迦女众」 繁峙县公主寺大雄殿西壁

寺庙壁画·佛教【水陆画】

威德自在菩萨

榜题为「威德自在菩萨」繁峙县公主寺大雄殿西壁

閻羅王天

285

榜题为"崇宁护国真君山神土地众" 繁峙县公主寺大雄殿西壁

榜题为"十回向菩萨" 繁峙县公主寺大雄殿西壁

榜题为"十信位菩萨 十住位菩萨" 繁峙县公主寺大雄殿西壁

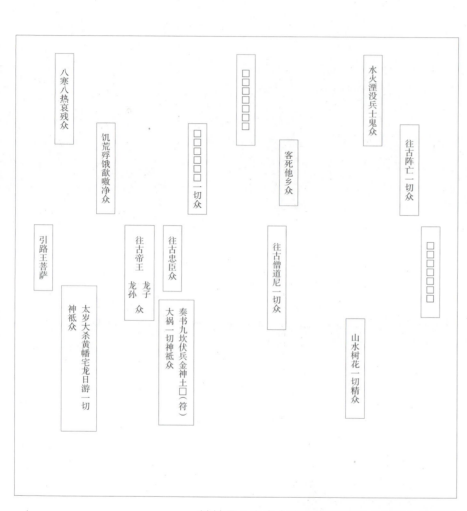

八寒八热哀残众

□□□□□□

水火湮没兵士鬼众

饥荒殍饿歃嗽净众

□□□□□□一切众

客死他乡众

往古阵亡一切众

引路王菩萨

往古帝王 龙子
龙孙 众

往古忠臣众

往古僧道尼一切众

□□□□□□

太岁大杀黄幡宅龙日游一切
神祇众

大祸一切神祇众

奏书九坎伏兵金神土□（符）

山水树花一切精众

繁峙县公主寺大雄殿南壁壁画（东侧）位置图

繁峙县公主寺大雄殿南壁东次间

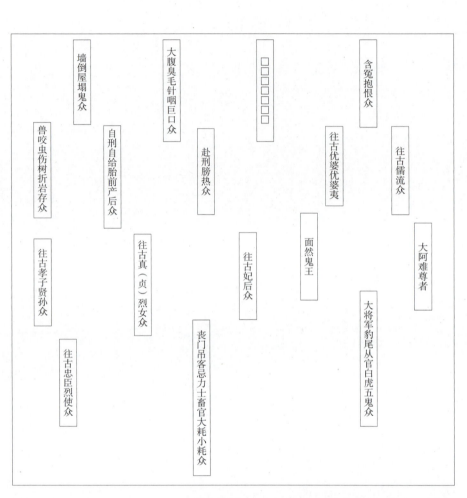

繁峙县公主寺大雄殿南壁壁画（西侧）位置图

繁峙县公主寺大雄殿南壁西次间

榜题为「大阿难尊者」 繁峙县公主寺大雄殿南壁

榜题为「往古忧婆忧婆夷」 繁峙县公主寺大雄殿南壁

榜题为「往古儒流众」 繁峙县公主寺大雄殿南壁

榜题为「面然鬼王」 繁峙县公主寺大雄殿南壁

往古妃妤众

榜题为"往古妃后众" 繁峙县公主寺大雄殿南壁

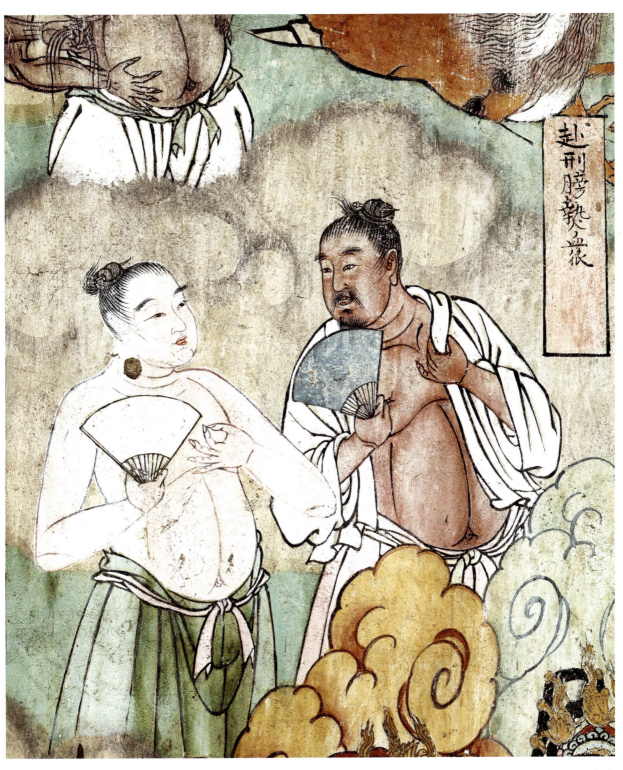

赴刑膀热众

榜题为"赴刑膀热众" 繁峙县公主寺大雄殿南壁

榜题为"丧门吊客忌力士畜官大耗小耗众" 繁峙县公主寺大雄殿南壁

榜题为"大腹臭毛针咽巨口众" 繁峙县公主寺大雄殿南壁

往古真列女衆

榜题为"往古真（贞）列女众" 繁峙县公主寺大雄殿南壁

自刑自给胎前产后众

榜题为"自刑自给胎前产后众" 繁峙县公主寺大雄殿南壁

榜题为"墙倒屋塌鬼众" 繁峙县公主寺大雄殿南壁

榜题为"兽咬虫伤树折岩存众" 繁峙县公主寺大雄殿南壁

榜题为"往古孝子贤孙众" 繁峙县公主寺大雄殿南壁

榜题为"往古忠臣烈使众" 繁峙县公主寺大雄殿南壁

榜题为"往古阵亡一切众" 繁峙县公主寺大雄殿南壁

305

榜题为"水火湮没兵士鬼众" 繁峙县公主寺大雄殿南壁

榜题为"□□□□□□一切众" 繁峙县公主寺大雄殿南壁

客死他乡众

往古僧

榜题为"客死他乡众" 繁峙县公主寺大雄殿南壁

榜题为"往古僧道尼一切众" 繁峙县公主寺大雄殿南壁

榜题为"往古忠臣众" 繁峙县公主寺大雄殿南壁

榜题为"奏书九坎伏兵金神土□（符）大祸一切神祇众"　繁峙县公主寺大雄殿南壁

榜题为"往古帝王龙子龙孙众" 繁峙县公主寺大雄殿南壁

榜题为"饥荒殍饿歃嗷净众" 繁峙县公主寺大雄殿南壁

榜题为"八寒八热哀残众" 繁峙县公主寺大雄殿南壁

榜题为"太岁大杀黄幡宅龙日游一切神祇众"　繁峙县公主寺大雄殿南壁

引路王菩萨

榜题为「引路王菩萨」繁峙县公主寺大雄殿南壁

義大漢

神起衆

315

繁峙县公主寺大雄殿北壁

繁峙县公主寺大雄殿北壁壁画（西侧）位置图

繁峙县公主寺大雄殿北壁

繁峙县公主寺大雄殿北壁

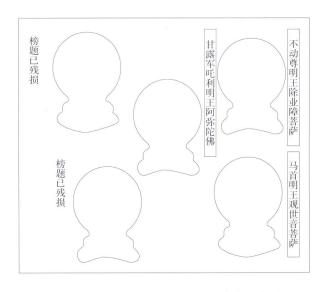

繁峙县公主寺大雄殿北壁壁画（东侧）位置图

榜题为"不动尊明王除业障菩萨" 繁峙县公主寺大雄殿北壁

榜题为"甘露军吒利明王阿弥陀佛"　繁峙县公主寺大雄殿北壁

榜题为"无能胜明王地藏菩萨"　繁峙县公主寺大雄殿北壁

榜题漫漶不清　繁峙县公主寺大雄殿北壁

榜题为"步掷明王普贤菩萨" 繁峙县公主寺大雄殿北壁

榜题为"马首明王观世音菩萨" 繁峙县公主寺大雄殿北壁

榜题漫漶不清　繁峙县公主寺大雄殿北壁

榜题漫漶不清　繁峙县公主寺大雄殿北壁

寺庙壁画·佛教【水陆画】

繁峙县大李牛东文殊寺东壁

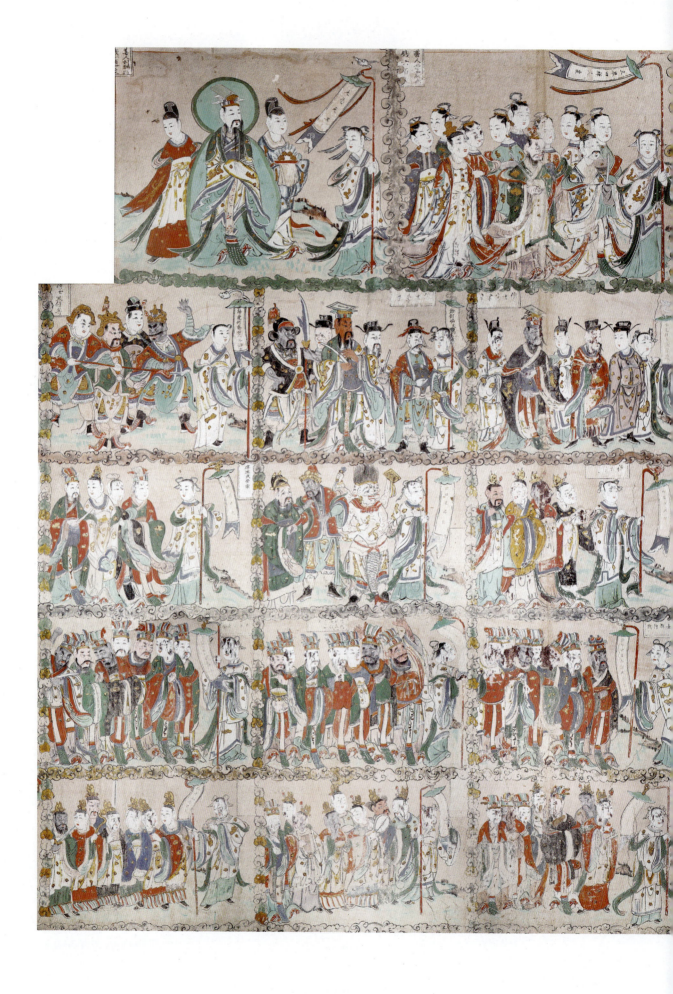

繁峙县大李牛东文殊寺西壁

繁峙县大李牛东文殊寺壁画

代县下木角村洪济寺大雄宝殿东壁

代县下木角村洪济寺大雄宝殿东壁

代县下木角村洪济寺大雄宝殿西壁

代县下木角村洪济寺大雄宝殿西壁

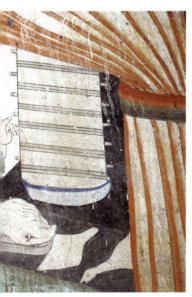

保德县义门镇庙峁村龙母殿正墙

保德县义门镇庙峁村龙母殿右墙

保德县义门镇庙峁村龙母殿左墙

保德县杨家湾镇崔家湾村龙王庙正墙

保德县杨家湾镇崔家湾村龙王庙右墙

保德县杨家湾镇崔家湾村龙王庙左墙

河曲县岱岳庙龙王殿

河曲县岱岳庙龙王殿

河曲县罗圈堡龙母庙正墙

河曲县罗圈堡龙母庙东墙

河曲县罗圈堡龙母庙西墙

宁武县化北屯南屯龙王庙右墙

宁武县化北屯南屯龙王庙左墙

繁峙县公主寺龙王庙东墙

繁峙县公主寺龙王庙北墙

繁峙县公主寺龙王庙西墙

代县张家堡村观音寺龙王殿西墙

代县张家堡村观音寺龙王殿东墙

代县张家堡村观音寺龙王殿西墙

寺庙壁画·民间诸神【财神】

忻府区令归财神殿壁画东墙

忻府区令归财神殿壁画西墙

偏关县梨园河神庙壁画东墙

偏关县梨园河神庙壁画西墙

偏关县梨园河神庙壁画东墙

偏关县梨园河神庙壁画西墙

寺庙壁画·民间诸神【五道爷】

代县马桥村五道庙

寺庙壁画·人物故事【关公】

繁峙县集义庄乡南龙兴村关帝庙

繁峙县集义庄乡南龙兴村关帝庙东墙

繁峙县集义庄乡南龙兴村关帝庙西墙

寺庙壁画·人物故事【岳飞】

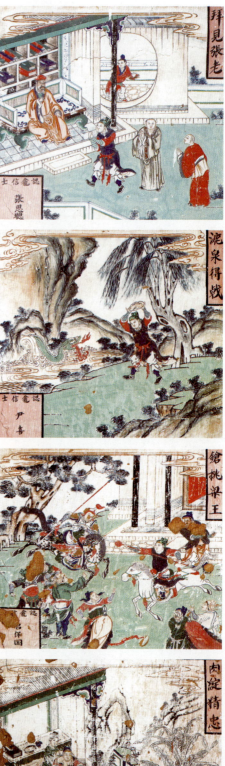

河曲县岱岳庙岳飞殿

河曲县岱岳庙岳飞殿

兵進茶陵

誠 奮 信 士
楊通和

山東探信

誠 奮 信 士
張惠

董先投降

誠 奮 信 士
李端祥

大下汝南

誠 奮 信 士
呂有

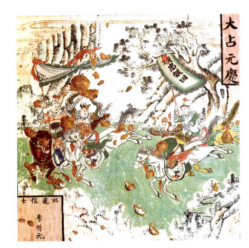

大占元慶

誠 奮 信 士
李明元

牛皋接見

誠 奮 信 士
程光榕

夜擒元慶

誠 奮 信 士
李慎祥

河曲縣岱岳廟岳飛殿

四十四 《赵武灵王故事》清代

374

代县赵村赵武灵王祠

原平市停旨头村石鼓神祠正殿西墙

原平市停旨头村石鼓神祠正殿东墙

原平市停旨头村石鼓神祠正殿东

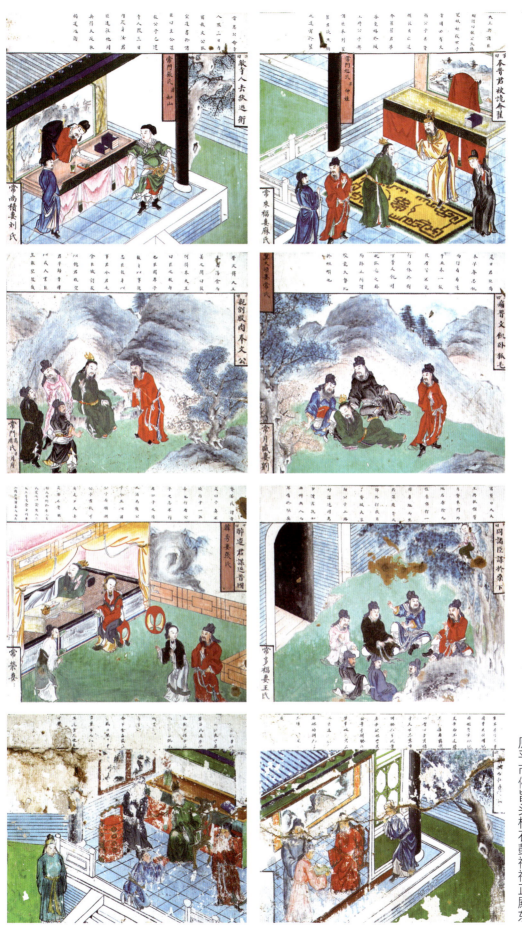

原平市停旨头村石鼓神祠正殿东

寺庙壁画·人物故事【介子推】

原平市停旨头村石鼓神祠正殿西

原平市停旨头村石鼓神祠正殿西

河曲县岱岳庙包公祠东墙

河曲县岱岳庙包公祠西墙

五台山南山寺极乐寺大雄宝殿

石窟壁画

宁武县万佛洞东墙

宁武县万佛洞东墙

宁武县万佛洞西墙

四十九 《九原冈墓葬壁画》北齐

原平市中阳乡南头村 1 号墓壁画

墓葬壁画

原平市中阳乡南头村 1 号墓壁画

原平市中阳乡南头村 3 号墓壁画

原平市中阳乡南头村 4 号墓壁画

附：忻州市寺庙壁画统计表

序号	所在县	单位名称	保护级别	地址	位置	壁画朝代	面积（m²）	内容
1	繁峙县	公主寺	国保	繁城镇公主村	大雄宝殿	明代	98.99	水陆壁画，共有人物129组，480余尊
					关帝殿	清代	北壁9.57、东壁15、西壁15、暖阁外绘黄忠、赵云	关公壁画
					马王殿	清代	9.4	马王爷
					关帝庙戏台	清代	14.82	
					奶奶庙戏台	清代	12.63	
2		公主龙王庙	市保	繁城镇公主村	正殿、耳殿	清代	77.8	龙王布雨
3		石佛寺	县保	繁城镇岗里村	戏台	清代		戏台两侧壁面
4		三祝戏台	市保	繁城镇三祝村	戏台	清代	5	戏台两侧壁面和木板画
5		三圣寺	国保	砂河镇西沿口村	地藏殿	民国	133.14	两山墙绘有十殿阎罗人物像
					大雄宝殿		67.9	两山墙壁画为《佛本生经变图》，后檐墙绘五大明王
6		曹家寨关帝庙	未定级	砂河镇曹家寨村	东殿墙面			
7		泉沟关帝庙	未定级	砂河镇泉沟村	正殿	清代	8	神话故事
8		下角峪关帝庙	未定级	砂河镇下角峪村	正殿	清代	12	三国故事壁画
9		下小沿沿山寺	市保	砂河镇下小沿村	正殿	明代	24	儒释道人物壁画
10		岩山寺	国保	东山乡天岩村	文殊殿	金代	98.11	东壁是《释迦说法图》和《鬼母子经变》；西壁是佛传故事；北壁西隅是《五百海商遇难图》；北壁东隅是舍利塔院，塔院当心为一座八角七层浮屠塔；南壁仅剩东隅壁画，上部为殿阁楼台，中部为释迦牟尼、两弟子和两胁侍菩萨，下部为供养人像
11		正觉寺	国保	繁城镇东城街村	大雄宝殿	明代	100	
12		秘密寺	国保	岩头乡岩头村	文殊殿	清代	5.4	
13		宝藏寺	省保	东山乡中庄寨村	观音殿	民国	97.98	东壁绘十二幅观音普门品图
					正殿	明代	6	山角
14		苏家口普济寺	县保	东山乡苏家口村	正殿、西配殿			
15		中庄寨关帝庙	未定级	东山乡中庄寨村		清代	29.04	
16		洪福寺		东山乡山会村		明代清代	45	
17		作头天齐庙	省保	繁城镇作头村	正殿	清代	110	殿内两山墙绘水墨民间故事和《五岳大帝出巡图》，后墙绘有十二音会壁画
					二进院东西配殿			绘有清代民间故事壁画

序号	所在县	单位名称	保护级别	地址	位置	壁画朝代	面积（m²）	内容
18		安家山村五道将军庙	未定级	繁城镇安家山村	正殿	清代	8	人物
19		圣水头关帝庙（老爷庙）	未定级	繁城镇圣水头村	正殿	清代	25	三国故事
20		周庄龙王庙	未定级	繁城镇周庄村	龙王殿	清代	12	龙王布雨图
21		兰若寺	市保	集义庄乡大宋峪村	正殿	明代	24.78	十八罗汉
22		大宋峪关帝庙	未定级	集义庄乡大宋峪村	正殿	清代	32	三国演义人物故事
23		南龙兴关帝庙（崇山寺）	未定级	集义庄乡南龙兴村	正殿	清代	71.46	三国故事、十殿阎罗、观音送子
24		小宋峪大庙	未定级	集义庄乡小宋峪村	正殿、过殿	明代	6	道教及佛教人物
25		小宋峪崇建寺	未定级	集义庄乡小宋峪村		民国	西壁6.38 神龛（过殿）13.61 合计20.49	
26		下永兴关帝庙		集义庄乡下永兴村		清代	34	
27		小宋峪关帝庙		集义庄乡小宋峪村		清代	26	
28		大李牛东文殊寺	省保	光裕堡乡大李牛村	正殿	元代	113	东西山墙及后墙彩绘佛道场壁画，南壁为佛教故事和人物画像
29		大李牛西文殊寺	县保	光裕堡乡大李牛村	大雄宝殿	清代	70	
30		富家庄村海演寺	县保	光裕堡乡富家庄村	伽蓝殿	清代	24	三国演义故事
				光裕堡乡富家庄村	二进、三进院	明代	60	
31	繁峙县	龙兴寺	县保	光裕堡乡梨峪村	过殿	清代	60	
32		麻峪口老爷庙	未定级	光裕堡乡麻峪口村	正殿	清代	8	三国故事
33		大明烟永安寺	县保	岩头乡大明烟村	正殿	明代		横梁上笔绘佛本生故事39幅
34		大明烟龙王庙	未定级	岩头乡大明烟村	正殿	清代	2	水墨壁画
35		曹辛庄龙王庙	未定级	岩头乡曹辛庄村	正殿	清代	18	龙母等彩绘
36		照山村龙宫	未定级	岩头乡照山村	正殿	清代	8	龙王出宫
37		上角峪真容寺	县保	大营镇上角峪村	正殿	清代	8	三国故事
38		洪水寺	县保	大营镇北洪水村	东配殿	清代	20	
					西配殿		25	
39		上台庄三教庙	县保	大营镇上台庄村	正殿	清代	42	两山墙绘有佛教人物；后檐墙为释迦牟尼、孔子、老子人物画
40		大营关帝庙		大营镇大营村		清代	38	三国故事
41		大营关帝庙		大营镇大营村		清代	34	
42		大营碧霞宫	未定级	大营镇大营村	正殿	清代	20	道教题材出宫图
43		宝泉寺		大营镇东三泉村		清代	30	
44		前所关帝庙	未定级	横涧乡前所村	正殿	清代	36	三国演义人物故事
45		辛庄三教庙	未定级	横涧乡辛庄村	正殿	清代	6	两山墙人物壁画
46		贾家井关帝庙	未定级	金山铺乡贾家井村	正殿	清代	32	三国故事
47		普济寺		金山铺乡贾家井村		清代	35	
48		茨沟营老爷庙	省保	神堂堡乡茨沟营村	正殿	明代	13	

序号	所在县	单位名称	保护级别	地址	位置	壁画朝代	面积（m²）	内容
49	繁峙县	小玉皇庙	未定级	神堂堡乡娘子城村		清代	8	人物壁画
50		季家庄龙王庙		城关镇季家庄村		清代	38	
51		圣水头关帝庙		城关镇圣水头村		清代	25	三国故事
52		雁头关帝庙		城关镇雁头村		清代	20	
53		蛟陀关帝庙	未定级	东山乡蛟陀村	关帝殿、东西配殿	清代	70	三国故事、龙王、阎王等
54		天宫寺		下茹越乡福连坊村		清代	26	三国故事
55		塔西沟关帝庙	未定级	下茹越乡塔西沟村	关帝殿	清代	35	三国故事
56		姚家庄关帝庙		杏围乡姚家庄村		清代	23	
57		古家庄河神庙		杏园乡古家庄村		清代	30	现存 248 尊罗汉像
58		孙庄关帝庙		义兴寨乡孙庄村		清代	23	
1	代县	城内慈云庵		县城内	观音殿山墙	清代	17	
2		杨忠武祠	省保	枣林镇鹿蹄涧村		明代清代		
3		灵应寺元明楼		枣林镇鹿蹄涧村				
4		赵杲观	省保	新高乡洪寺村		明代清代	100	
5		赵武灵王祠	县保	新高乡赵村	正殿	明代	51.24	赵武灵王及其相关人物画像
6		张家堡观音寺	县保	新高乡张家堡	龙王殿	清代	34.2	
7		新庄龙神庙	县保	新高乡新庄村	正殿	清代	21	
8		小观龙王庙		新高乡小观村		清代	18	
9		探马石龙王庙		新高乡探马石村	正殿	清代	42.8	
10		新高关帝庙		新高乡下庄村		清代	18	三国故事
11		西阳沟观音阁	县保	枣林镇西阳沟村	观音阁	清嘉庆五年	19.5	
12		窑子头龙王庙	县保	阳明堡镇窑子头村	正殿	清代	10	
13		上沙河关帝庙	县保	阳明堡镇上沙河村	正殿	清代	23	关公故事
14		陈家庄关帝庙	县保	雁门关乡陈家庄村	正殿	清代	24	
15		黑山庄龙王庙	县保	聂营镇黑山庄村	正殿	清代	38.4	
16		东高泉五道庙	县保	聂营镇东高泉村	五道庙	清代	8	
17		辛庄村瘟神庙	县保	滩上镇辛庄村	瘟神庙	清代	13.6	横梁以上壁画残存
18		辛庄老爷庙	县保	滩上镇辛庄村	老爷庙	清代	8.2	
19		化咀村石佛堂	县保	滩上镇化咀村	石佛堂	清代	19.85	
20		上阳花神棚		滩上镇上阳花村	神棚	清代	8.9	
21		马桥五道庙		滩上镇马桥村		清代	10.4	
22		下木角村洪济寺	县保	峨口镇下木角村	大雄宝殿	民国	14.75	水陆会
					大雄宝殿	明代	35.84	
					过殿	清代	51.22	
23		西下社关帝庙		峨口镇西下社村	关帝殿	清代	43	
24		峨阑禅院		峨口镇滩上村	地藏殿			十八层地狱图
25		普照寺		峨口镇下社村		明代清代		三国故事
26		苏村华都寺		上馆镇苏村	室内			
27		苏村大庙		上馆镇苏村	老爷殿	清代	56	

序号	所在县	单位名称	保护级别	地址	位置	壁画朝代	面积（m²）	内容
28	代县	三家村定祥寺		上磨坊乡三家村	老爷殿	清代	38	
1	五台山	塔院寺	国保	五台山台怀镇	伽蓝殿	民国（三普登记为明）	43.71	关公壁画
2		南山寺	国保	五台山台怀镇	极乐寺	清代民国	571.71	《佛传故事》58幅 极乐寺间隙有民国《西游记》壁画
					佑国寺			佛本生经变共117幅，有民国时《善财童子五十三参》
3		金阁寺	省保	五台山台怀镇	大佛殿	民国	50.12	《五百罗汉礼佛图》
4		龙泉寺	省保	五台山台怀镇	大雄宝殿	民国	56.6	东院大雄宝殿《佛传》壁画
					中院过厅			文殊殿左右山墙内壁绘《五百罗汉图》
							86.37	
5		殊像寺	省保	五台山台怀镇		明代		
6		普化寺	市保	五台山台怀镇		清代民国	70	清代壁画62 m²，民国壁画8.2 m²
7		镇海寺	市保	五台山台怀镇		清代	14	
8		东文殊寺	县保	五台山台怀镇	金刚殿	清代	68.2	工笔重彩《文殊巡幸及说法图》
9		海会庵	县保	五台山台怀镇	大雄宝殿	民国	131.6	工笔重彩《佛本生故事》
10		寿宁寺	县保	五台山台怀镇	关帝殿	民国	37.2	关公故事
11		梵仙山灵应寺	县保	五台山台怀镇	大殿二楼	清代	27.3	
1	五台县	佛光寺	国保	豆村镇佛光村	东大殿（拱眼壁）	唐代	61.68	《西方净土变》《毗沙门王降魔护法图》《卷草图》
						宋代	6.21	《千佛图》
						明代		《诸菩萨众》
					文殊殿	明代	101.35	罗汉
2		伏胜文殊殿		豆村镇伏胜村	文殊殿	清代	43	
3		大石观音寺		豆村镇大石村	观音殿	清代		两山墙绘有《三大士云游图》
4		兴坪关帝庙		豆村镇兴坪村	关帝殿	清代	64幅	三国故事（道光元年）
5		东腰庄龙王庙、五道爷庙		豆村乡东腰庄村			30	
6		广济寺	国保	台城镇东米市街	大雄宝殿	元代清代	28	
7		南禅寺	国保	阳白乡李家庄村	大佛殿	元代	24	《地狱十王经变》
8		天池寺	县保	阳白乡大林村	正殿		14.7	工笔重彩送子观音、伽蓝及护法金刚
9		白云村三神殿		阳白乡白云村	关帝殿 南次间（供龙王）戏台	清代	壁画8 m²、22 m² 戏台壁画12 m²	《三国演义》《龙王布雨图》
10		玄天阁		阳白乡阳白村	玄天阁	清代	19	光绪九年壁画
11		国都殿关帝庙	县保	陈家庄乡国都殿村	关帝殿	清代	59	《三国演义》故事（光绪丁酉年）
12		东四合龙王庙		陈家庄乡东四合村	龙王殿	清代	28	《龙宫布雨图》

序号	所在县	单位名称	保护级别	地址	位置	壁画朝代	面积（m²）	内容
13	五台县	东四合老爷庙		陈家庄乡东四合村	关帝殿	清代		
14		耿家庄关帝庙		陈家庄乡耿家庄村	正殿	清代	72	三国故事（嘉庆四年）
15		胡家庄禅殿		陈家庄乡胡家庄村	禅殿	清代	56	彩绘护法道教内容
16		射虎川戏台	县保	石咀乡射虎川村	戏台	清代	6.8	两山墙水墨画
17		宝稚灵应寺		东雷乡宝稚村	观音殿	清代	29	
					关帝殿		32	三国故事
18		槐荫关帝庙		东冶镇槐荫村	正殿	清代	9	山墙、壁画
19		东峡龙王庙		蒋坊乡东峡村	龙王殿	清代	32	《龙宫布雨图》及龙母、五龙王
20		鸿阳岭大王庙		蒋坊乡鸿阳岭村		清代		关公故事（共15幅）
21		西峡观音真武阁		蒋坊乡西峡村	阁上	清代	7.14	观音救八难（道光二十二年）
22		上门限石关帝阁		门限石上门限石村	关帝阁	清代	10	《三国演义》故事
1	原平市	惠济寺	国保	中阳乡练家岗村	观音殿	宋代、明代、金代	16	
2		峙峪关帝庙		中阳乡峙峪村	关帝殿前廊	清代	4	
3		峙峪龙王庙		中阳乡峙峪村	龙王殿	清代	14	
4		前沙城佛堂寺	省保	西镇乡前沙城村		明代、清代	25	
5		停旨头石鼓神祠	市保	子干乡停旨头村东南约100米处天涯山下		明代、清代	18	龙王布雨
6		蚵蚾庙	市保	大林乡魏家庄村		明代		
7		北苏鲁奶奶庙	县保	大林乡北苏鲁村	大殿	清代	7	
8		苏龙口殊像寺	市保	苏龙口镇苏龙口村		明代		
9		西松彰关帝庙	县保	苏龙口镇西松彰村	关帝殿	清代	8	三国故事
10		储士关帝庙		苏龙口镇储士村	大殿	明崇祯二年	5	
11		郭家庄观音庙		苏龙口镇郭家庄村		清代		
12		辛庄观音庙		苏龙口镇辛庄村	观音殿	明万历七年		
13		朱东社大庙	县保	同川镇朱东社村	正殿	明代、清代	10	
14		朱东社老爷庙		同川镇朱东社村		明代、清乾隆十四年	4	
15		都庄三圣殿		同川镇都庄村		清乾隆五十九年	6	三国故事
16		贵茹关帝庙		同川镇贵茹村		清嘉庆六年	10	关公故事
17		王南窑观音阁		同川镇王南窑村	二楼	清嘉庆十八年	8.3	
18		西岔关帝庙		同川镇西岔村	关帝殿	清代	28	
19		南旺关帝庙	县保	同川镇南旺村				
20		西营关帝庙		大牛店镇西营村	关帝殿	清代	10	
21		康村关帝庙		东社镇康村		清代	12	
22		曹家庄圆明院		崞阳镇曹家庄村北约50米	龙王殿	清代	5.8	《龙王布雨图》

序号	所在县	单位名称	保护级别	地址	位置	壁画朝代	面积（m²）	内容
23	原平市	后口关帝庙		后口乡后口村东隅		清代	8	
24		牛高阜玉皇庙		轩岗镇牛高阜村	正殿前廊	清代	4	
1		西呼延金洞寺	国保	合索镇西呼延村	文殊殿	宋代、明代、清代	4.9	
2		白石寿圣寺	县保	豆罗镇白石村	关帝殿	清代	42.04	关公生平故事
3		辛曲关帝庙	未定级	豆罗镇辛曲村	关帝殿	清代	20	关公生平故事
4		小锅关帝庙		曹张乡小锅村		清代	4	关公像
5		金洞寺		合索乡西呼延村西1.5公里				
6	忻府区	东呼延大佛寺	未定级	合索镇东呼延	关帝殿	清代	60	关公生平故事，出廊左右为神像
7		东社崇化寺	未定级	九原办东社村	关帝殿	清代	50	关公生平故事
8		张野关帝庙	未定级	兰村乡张野村	大殿	清代	10	关公故事，残存
9		令归大寺		令归村	财神殿	清代	16.32	《财神出巡图》
10		安社龙王庙	未定级	奇村镇安社村	大殿	清代	15	
11		洪福寺		西张乡东张村	关帝殿	明代	20	
12		广应台	未定级	西张镇双堡村	东西配殿	清代遗构	40	人物字画
13		解村关帝庙	未定级	忻口镇解村	关帝殿	清代	20	关公生平故事
14		连寺沟泰山庙	省保	庄磨镇连寺沟村				
1		阎锡山故居	国保	河边镇河边村		民国		
2		关王庙	国保	晋昌镇北关村	关王庙	宋代、辽代、金代	24	
3		北西力大寺		晋昌镇北西力村	大殿	明代	4	人物
4		南关村仁义街观音庙		晋昌镇南关村仁义街	观音庙	清代	30	人物、动物
5		北社东村洪福寺	国保	宏道镇北社东村	大殿	宋代、明代、清代	10	
6	定襄县	留晖洪福寺	省保	南王乡	正殿	元代、清代	10	
7		北社东村龙王宫	县保	宏道镇北社东村	龙王宫	明代	10	太阳、龙、人物、山水
8		留念大寺	县保	宏道镇留念村	大殿	清代	5	人物、动物
9		西社村神棚		宏道镇西社村	神棚	清代	4	山水
10		北林木戏台		季庄乡北林木村	戏台	清代	4	山水人物
11		阎徐庄关帝庙		季庄乡阎徐庄村	关帝庙	清代	34.14	关公故事
12		崔家庄关帝庙		神山乡崔家庄村	关帝庙	清代	30	
13		赵家营关帝庙		神山乡赵家营村	关帝庙	明代	3	花草树木
14		于家庄观音堂		受禄乡于家庄村	观音堂	清代	3	花草树木
1		于家庄观音堂		受禄乡于家庄村	观音堂	清代	3	花草树木
2		耿家坡关公庙	县保	东马坊乡耿家坡村	关公庙		10	三国故事
3		南屯龙王庙	县保	化北屯乡南屯村	龙王庙	清代	60	
4	宁武县	宁化万佛洞	县保	化北屯乡宁化村	万佛洞	明代、清代	40	
5		金安题空寺		涔山乡小石门村西隅		清代	10	玉皇、天神
6		余家沟庙		迭台寺乡余家沟村		清代		
7		坝沟湾龙王庙		东寨镇坝沟湾村	偏殿	清代		

序号	所在县	单位名称	保护级别	地址	位置	壁画朝代	面积（m²）	内容
8	宁武县	王家沟龙王庙		东寨镇王家沟村		清代	8	三神骑牛
9		姜庄龙王庙		凤凰镇姜庄村		清代		
10		染峪大庙		凤凰镇染峪村		清代		漫漶不清
11		怀道乡白马崖岱庙		怀道乡白马崖村		明代清代		老爷庙
12		青龙山天花洞		石家庄镇石家庄村		明代		彩绘藻井八卦
13		西马坊关公庙		西马坊乡西马坊村		清代		关公故事
1	静乐县	娑婆歇马店	县保	娑婆乡娑婆村	正殿	清代	8	
2		会松沟大郎庙		赤泥洼乡会松沟村	正殿	清代	1.8	
3		龙家庄五龙圣母庙		赤泥洼乡龙家庄村	正殿	清代		梁架上有元代风格三爪龙彩绘
4		昔湖洋大庙		赤泥洼乡昔湖洋村	正殿	清代	2	
5		泉庄老君庙		双路乡泉庄村	正殿	清代	2	
6		龙王庙		龙家庄乡下村		清代		龙王布雨
1	神池县	五岳圣母庙	县保	八角镇山脚底村			30	
2		达木河戏台	县保	东湖乡达木河村			6	
3		九姑地藏王殿		东湖乡九姑村		清代	32	
4		石湖龙王庙	县保	烈堡乡石湖村			20	
5		冷饭坡村庙	县保	太平庄乡冷饭坡村			5	
6		西土棚龙王庙	县保	义井镇西土棚村			18	
7		丁家梁圆明观		龙泉镇丁家梁村				被盗
8		石洼龙王庙		天井乡石洼村		清代		龙王布雨
1	偏关县	寺沟护宁寺	省保	新关镇寺沟村		元代明代清代	51.5	
2		洞儿崖石窟寺	县保	洞儿崖村			5	
3		高崟梁龙王庙	县保	高崟梁村			18	
4		贯坪村洞庙	县保	贯坪村			7	
5		老牛湾辛庄窝龙王庙	县保	老牛湾辛庄窝村			23	
6		老牛湾龙王庙		老牛湾				
7		老牛湾奶奶庙		老牛湾				
8		梨园河神庙	县保	梨园村			15	
9		骆驼山石窟寺	县保	骆驼山			20	
10		骆驼山古佛洞		洪家营村骆驼山				
11		崇宁寺	县保	水泉村		明代清代	3	
12		西沟万佛洞	县保	西沟村			18	
13		西沟观音阁	县保	西沟村				
14		小偏头灵感寺	县保	小偏头村			8	
15		永兴三结义一五龙王庙	县保	永兴村			16	
16		小持沟洞儿崖		天峰坪镇小持沟村				
17		崎坞堡关帝庙		马家坞乡崎坞堡		清代	35	
18		教官咀龙王庙		黄龙池乡教官咀		清代	20	

序号	所在县	单位名称	保护级别	地址	位置	壁画朝代	面积（m²）	内容
1		海潮庵	省保	旧县镇旧县村		明代、清代	25	
2		岱岳殿	省保	文笔镇岱岳殿村		明代、清代	104	
3		常家墕关帝庙		文笔镇常家墕村			20	三国、佛传故事
4		罗圈堡观音庙	市保	罗圈堡村罗圈堡		明代		
5	河曲县	下养仓观音庙	县保	刘家塔镇下养仓村	正殿	清顺治四年	50	
					耳房	清顺治四年	8	
6		前大宨大庙		刘家塔镇前大宨村	正殿		20	
7		柏鹿泉寿圣寺	县保	楼子营镇柏鹿泉村		明代	68	佛传故事
8		罗圈堡真武庙		楼子营镇罗圈堡村			15	
9		禹王庙	县保			清代		
10		阳坡泉观音庙		鹿固乡阳坡泉村				残存数平米
11		常家坞老爷庙		城关镇常家坞村		清代		32 幅
1		故城关帝庙	省保	杨家湾镇故城村	关帝殿	清代	31	三国故事 48 幅
2		花园下寺	县保	杨家湾镇花园村	正殿	清代	20	经变图
3		后会观音庙		杨家湾镇后会村	观音殿	清代	17	十八罗汉、观音救八难、护法金刚
4		崔家湾龙王庙		杨家湾镇崔家湾村	龙王殿	清代	30	
5	保德县	崔家湾财神庙		杨家湾镇崔家湾村	财神殿	清代	4	
6		庙峁观音庙	县保	义门镇庙峁村	观音殿	清代	29	龙王布雨图
7		庙峁瘟神庙		义门镇庙峁村	瘟神殿	清代	16	
8		天桥龙王庙		义门镇天桥村	龙王殿	清代	14.5	龙母、五龙王、乡饮做客图（正面）龙王布雨图（两侧）
9		冯家川石佛寺		冯家川乡冯家川村	东殿	清代	8	残存护法及花鸟画
1	五寨县	店坪堡龙王庙		经堂寺乡店坪堡村		清代	24	

论文

五台山壁画遗产综述

□ 崔元和

佛教东渐中土，是以佛、法、僧"三宝"为一体同时传入的。"三宝"中的"佛"，主要是指佛、菩萨等为题材内容的雕塑、绘画，或统称"佛像"。在印度佛教造像形成的早期，则主要表现为释迦牟尼佛的足印、收藏有释迦佛舍利子的佛塔等。这是佛教庄严寺窟、感化信众以及修持念想的具体形象，具有感染力强、受众面广和进入门槛较低等特点，故佛教亦被称作"像教"。"三宝"中的"法"，主要指由经、律、论等构成的"三藏"，这是佛教思想内容的核心、基石和精华。佛祖入灭之后，由其弟子结集和阐述，主要载体为文字。"三宝"中的"僧"，是指剃度出家的僧尼，其主要功德有二，一是自己进入空门，专事修持悟道；二是作为信仰大乘佛教之僧尼，还承担着向广大民众弘法传教之责任义务。《怡山礼佛发愿文略释》卷一："谓佛、法、僧三宝，住持世间，有大利益故。佛则范金合土，纸素丹青；法则黄卷赤牍，三藏灵文；僧则剃发染衣，绍隆佛化。又，佛为无上医王，法是众生良药，僧乃看病之人。"但在"佛像"与"佛法"之间，"法"为实体、恒常、依据和归依，"像"则属权应、显现、方便和导引，即"法"为体，"像"为用。《释教部汇考》卷一："诸佛法身有二种义，一者真实，二者权应。真实身，谓至极之体，妙绝拘累，不得以方处期，不可以形量限，有感斯应，体常湛然。权应身者，谓和光六道，同尘万类，生灭随时，修短应物，形由感生，体非实有。权形虽谢，真体不迁，但时无妙感，故莫得常见耳。明佛生非实生，灭非实灭也。"

壁画是佛教"像教"的主要载体和手段之一。中原地区佛教壁画，最早见于东汉，至晋已盛。《魏书》卷一百一十四《释老志》："自洛中构白马寺，盛饰佛图，画迹甚妙，为四方式。凡宫塔制度，犹依天竺旧状而重构之，从一级至三、五、七、九。世人相承，谓之'浮图'，或云'佛图'。晋世，

洛中佛图有四十二所矣。"《历代法宝记》："即时洛阳城西雍门外起佛寺，其壁画朝廷千乘万骑绕骑十三匹。又于南宫清凉台及开阳城门上作佛形像。明帝在时，知命无常，先造寿陵，陵曰'显节'，亦于其上作佛图像。"魏晋南北朝之际，佛教壁画已甚为普及，涌现出曹不兴、吴栋、卫协、张墨、戴逵、戴颙、顾恺之、陆探微、张僧繇等众多佛画名家。

隋唐之际，佛教壁画大为发展，出现了展子虔、杨子华、田僧亮、杨契丹、曹伯仁、郑法士、孙尚子、尉迟拔质那、尉迟乙僧、陈善见、蔡生、郑法轮、吴道子、阎立本、周昉等一批佛画名家。《西方净土变》《维摩经变》《法华经变》《华严经变》《药师佛经变》《地狱经变》《弥勒经变》《本行经变》《降魔经变》及诸佛菩萨、天王护法尊像等，成为这一时期佛教寺窟壁画的主要题材。仅吴道子一人，即为三百余处佛教寺院殿宇绘制过壁画。五代十国之际，虽多战乱割据，但仍有王道求、杜龈龟、陶宗立等佛画名人出现。

宋、辽、金之际，史载佛画名家，北宋为最，高益、王蔼、李象坤、黄筌、夏侯延祐、李用及、武宗元、王道真等众多高手，使佛教绘画及壁画创作再现高峰。顺应宋代商业社会和世俗社会之发展，宋代壁画在表现佛教题材的同时，加入了许多现实和世俗的内容，都市、店肆、城池、乡村、官员、商贾、农夫、牧人、渔翁等，常被绘作佛教人物故事、活动展开的背景。辽、金及南宋之际，盛行于隋唐的各种"经变"内容在壁画创作中明显减少，所绘除佛、菩萨尊像等传统题材外，诸天、罗汉、金刚、水陆画等内容明显增多。由于文人写意画及山水画成为社会追捧的创作主流，以佛教人物故事为描绘内容和着重于写实的壁画创作，已逐渐被挤出文人和官方所主导的艺术主流，壁画作者被降格呼为"画工""画匠"。所以，此时期及此后寺观壁画绘制虽仍盛行不衰，但文人参与的壁画创作大减，史册

所记寺观壁画创作、制作画家、名人亦明显减少。

中国现存佛教壁画，大多为元、明、清三代遗存，尤以明、清为多。此期壁画主要特点，除显密并存、汉梵融合外，儒教、道教、民间信仰以及通俗小说、戏剧、传说、故事等，亦成为寺院壁画图绘的对象，题材内容更为多元、丰富和复杂。

一、五台山历史上重要佛教壁画创作

（一）北朝

五台山佛教壁画起源于何时，现已不可确考。据五台山有关山志记载，该山大孚灵鹫寺等初创于东汉永平十一年（68），至北朝之际，已发展成为拥有寺院二百余座的佛教圣地。《古清凉传》卷上《古今胜迹》："爰及北齐高氏，深弘象（像）教，宇内塔寺，将四十千。此中伽蓝，数过二百。又割八州之税，以供山众衣药之资焉。"

魏晋南北朝是一个佛教寺院壁画开始普及的时代，但北周建德三年（574），北周武帝宇文邕下令"灭法"，五台山佛教寺院殿宇尽毁。故其时五台山佛教寺院中如有壁画，亦应随此劫而湮灭。《古清凉传》卷上："遭周武灭法，释典凌迟，芳徽盛轨，湮沦殆尽。"

（二）隋、唐

隋唐之际，五台山佛教进入全盛时期，台内台外寺院曾达到三百六十余座之多，华严、天台、唯识、净土、律宗、禅宗、密宗等诸宗竞秀，印度、日本、斯里兰卡、尼泊尔、朝鲜、韩国等国僧人纷纷前来求法巡礼，五台山已发展成为国内外著名佛教圣地。然而，唐会昌五年（845），唐武宗李炎发动"灭法"，五台山绝大部分寺院毁于一旦，仅有偏于一隅的南禅寺得以幸存。唐大中二年（848），唐宣宗李忱再崇释教，五台山佛寺得以恢复重建，但由于木构建筑年深日久，易于倒塌毁坏，加之地震、水火、兵燹等诸种灾变，故唐大中年间以来五台山恢复、重建的佛教唐代寺院，今仅存佛光寺东大殿一座，且该殿山墙及后墙亦经后世数次重砌，因此除佛光寺东大殿棋眼等处遗存数幅唐代壁画外，隋、唐及五代之际的五台山壁画，仅可从有关文字记载中略窥一斑。

1. 《五台山寺血脉图》壁画及吴道子真迹

据史料记载，唐开元年间（713—742），释神英于五台山造吴摩子寺，曾邀请吴道子于寺内绘制《五台山十寺血脉图》。《广清凉传》卷中《神英和尚》《法华院》："释神英……以唐开元四年（716）夏六月中旬到山，顶礼大圣，止华严正院。尝一日斋后，独游西林，忽睹精舍，额题'法华之院'。神英直入巡礼，俄见多宝佛塔，一座四门，玉石形像，细妙光莹，神工罕及。次后，有护国仁王楼五间，上有玉石文殊、普贤像，并及部从。前三门一十三间，里门两掖有行宫道场，亦有文殊、普贤、部从。三门外是《五台山十寺血脉图》。巡礼既毕，神英欲出院门，复见众僧，姿状神异，心疑化境。遂出东行，约三十步间，闻声，回首视之，略无所见。神英乃悲泣，久之，曰：'此必大圣所化。我于此地，有大因缘。'即于化院之地，结庵而止，发大誓愿：我当为化院建置伽蓝。居之岁余，归依者众，遂募良匠营构，不酬工直（值），所须随缘。远自易州，千里求采玉石，制造尊像，碧琢精绝，巧妙入神，壁画多是吴道子之真迹。"绘于五代的敦煌莫高窟第六十一窟《五台山图》与上述《血脉图》应有一定的先后承继关系。

2. 佛陀波利于五台山遇见文殊圣化老人影图

唐仪凤元年（676），北印度罽宾国僧人佛陀波利至五台山巡礼，在五台山思阳岭遇文殊圣化老人，嘱其返回印度取《佛顶尊胜陀罗尼经》译出流布中土，是中土佛教史上的重大事件之一。此经的译出和流传，不仅借助《佛顶尊胜陀罗尼经》灭罪度亡的殊胜功能，迅速扩大了密宗在中土的影响，提升了文殊师利在"众圣潜灵"之后拔救众生的影响及地位，而且对金代"文殊五尊"造像新题材的定型，起到了重要的推动作用。

唐仪凤年间佛陀波利于五台山遇文殊化现老人故事，在唐代的五台山颇为流行，日僧圆仁在其所撰《入唐求法巡礼行记》卷三中记载了这一情景："六日，早发……向西南行七里许，到思阳岭。昔仪凤元年，西天梵僧佛陀波利来到此处……今见建宝幢，幢上镌《佛顶陀罗尼》及序，便题波利遇老人之事。"卷二："五月一日，天晴……行到竹林寺断中。斋后巡礼寺舍。有般若道场。曾有法照于此堂念佛，有敕谥为大悟和尚。迁化来二年，今造影安置堂里。又画佛陀波利仪凤元年来到台山见老人时之影。"

敦煌莫高窟第六十一窟有五代后汉天福十二年（947）所绘《五台山图》壁画一铺，上亦绘有佛陀波利于五台山遇文殊化现老人故事，但比五台山竹林寺所绘题材画面晚一百一十年以上。圆仁所记五

405

台山竹林寺此幅画面，应是目前所见佛陀波利与文殊圣化老人相遇故事的最早画作，亦是"文殊五尊"形成的雏形图像底本。

3.《千辐轮相佛足图》及《唐使取图返东土事迹图》

千辐轮相为佛祖"三十二相"之一。东晋译六十卷《大方广佛华严经》卷三十二："如来足下千辐轮中有妙光明，名普照王，于彼海王随形好处，悉放四十广大光明，一名清净功德，普照六十亿那由他佛刹微尘数世界，随众生境界，随种善根，随众生意，乃至普照阿鼻地狱，其中众生，命终皆生兜率天上。"唐译八十卷《大方广佛华严经》卷三："尔时，世尊告宝手菩萨言：……佛子！菩萨足下千辐轮，名光明普照王。此有随好，名圆满王，常放四十种光明。中有一光，名清净功德，能照亿那由他佛刹微尘数世界，随诸众生、种种业行、种种欲乐，皆令成熟。阿鼻地狱、极苦众生，遇斯光者，皆悉命终生兜率天。既生天已，闻天鼓音而告之言：善哉善哉！诸天子！毗卢遮那菩萨入离垢三昧，汝当敬礼。"

五台山金阁寺在唐武宗"会昌灭法"前，即绘有佛祖双足之下的千辐轮图，以及唐使臣王玄策于贞观二十三年（649）于印度拓绘此佛足印并携而回中土的故事图绘。日僧圆仁《入唐求法巡礼行记》卷三："……从竹林寺前向西南，逾一高岭，到保磨（应）镇国金阁寺……开金阁礼大圣文殊菩萨……壁檐橡柱无处不画……亦有画脚迹千辐轮相并画迹之根由云：贞观年中，太宗皇帝送袈裟使到天竺，见阿育王古寺石上有佛迹，长一尺八寸，阔六寸。打得佛迹来，今在京城，转画来此安置，云云。"

唐道世撰《法苑珠林》卷二十九："又从南行百五十里度（渡）殑伽河至摩揭陀国，属中印度，城少人居，邑落极多。故城在王舍城山北东二百四十里比临殑伽河。故宫北，石柱高数丈，昔无忧王作地狱处，是频婆娑罗王之曾孙也，王即戒日之女婿也。所治城名华氏城，王宫多华，故因名焉。石柱南有大塔，即八万四千之塔一数也，安佛舍利一升。时有光瑞，则是无忧王造。近护罗汉役鬼神所营，其侧精舍中有大石，是佛欲涅槃，北趣拘尸，南顾摩揭。故蹑石上之双足迹，长尺八寸，广六寸。轮相华文，十指各异。近为恶王金耳毁坏佛迹，凿已还平，文采如故，乃捐殑伽河中，寻复本处。贞

观二十三年（649）有使，图写迹来。"

五台山塔院寺释迦文佛真身舍利塔（大白塔）下面石窟中现遗存有明万历十年（1582）所刊"佛足灵相之碑"一通，上刻释迦如来双脚灵相图，佛双足掌心即刻有"千辐轮相"。据目前资料，塔院寺此灵相碑所刊佛足千辐轮相，应为五台山地区写取此图的第二本。圆仁所记"会昌法难"前金阁寺所绘"千辐轮相"，应为五台山地区写取此图的第一本。

此外，圆仁所见唐时金阁寺不仅绘有千辐轮相的佛足图案，而且绘有唐使臣于天竺取回此图的人物、情节、场景等故事，即"画迹之根由"，故十分珍贵。此图今已不传，甚憾。

4.《诸曼荼罗图》壁画

有唐一代，五台山是著名的密宗道场。早在唐高宗乾封年间，即有西域密教高僧释迦蜜多罗来至台山，设坛行道。《古清凉传》卷下《游礼感通》："西域梵僧释迦蜜多罗者，本狮子国人，少出家，本住摩伽陀国大菩提寺……麟德年中，来仪此土，云向清凉，礼拜文殊师利。……以乾封二年六月登于台首……至台南五里，遂即停泊，乃令人作土坛，二层，高尺余，周方丈许，采拾名花，四周严饰。多罗日夜六时，绕坛行道。"

至唐代宗际，由于不空三藏等人的尊崇推行，以及皇帝、朝廷的大力扶持，五台山已经建成为名重一时的国家密教道场，由华严、清凉、玉华、法华、金阁五寺，为国常转"护国三经"。《代宗朝赠司空大辨正广智三藏和上表制集》卷二："请台山五寺度人抽僧制一首。代州五台山金阁寺、玉花、清凉、花严、吴摩等寺。右特进试鸿胪卿大兴善寺三藏沙门大广智不空奏：……每寺相共满三七人，为国行道，有阙续填。金阁等五寺，常转《仁王护国》及《密严经》。又吴摩子寺名且非便，望改为大历法花之寺，常为国转《法花经》。"

"曼荼罗"为梵文音译，亦有"曼陀罗"等音译，汉语义译为"坛""坛场""道场""轮圆具足""聚集发生"等。曼荼罗的最初形成，是古印度密教于修法之地筑建圆形或方形垒台，并于台上制作或绘出诸佛、诸菩萨、诸护法等尊像，并请诸佛、菩萨、护法等保护修行之地的修持者不受众魔侵扰加害。后来，曼荼罗发展成为诸佛、诸菩萨聚集的世界，即"轮圆具足"的佛、菩萨世界，并且也是修行者

消除诸种恶趣，证得无比无上智慧，方便快捷修成正果的道场。唐不空三藏《八大菩萨曼荼罗经》："作八曼荼罗者云何建立，复依何法起无量福，令修行者速证菩提。尔时，如来赞宝藏月光菩萨言：善哉，善哉，善男子！能问如是甚深之义，而为利益无量、无边、有情与安乐故，及能净除三恶趣故，为证无比无上智故。汝今善听，若诸有情才闻此密言者，得长寿乐。善男子！有八曼荼罗，是八大菩萨甚深法要。依法律立此八曼荼罗一遍者，所有十恶五逆谤方等经悉销灭，一切所求义利胜愿悉得成就。"

密教曼荼罗有多种类别和形式，如五佛五智曼荼罗、药师曼荼罗、度母及观音曼荼罗、时轮金刚曼荼罗，以及梵文曼荼罗、塔曼荼罗等等。但大致而言，密教曼荼罗主要分作"大曼荼罗""法曼荼罗""羯摩曼荼罗""三昧曼荼罗"四大类别。其中，大曼荼罗不仅绘制诸佛、菩萨形象，而且还要用黑、白、赤、青、黄五色，表示空、风、火、水、地五大，表示宇宙万相聚集之义；法曼荼罗，不绘制本尊诸佛形象，只绘制其佛梵文名称第一个字母，故亦称"种子曼荼罗"；羯摩曼荼罗，用具体的立体形象表示诸佛、诸菩萨聚会，有的直接雕塑佛、菩萨诸像，有的则用塔、城等建筑物象征，故亦称"立体曼荼罗"；三昧曼荼罗，亦不直接绘制诸佛、诸菩萨之形象，而只绘制诸佛菩萨所持手印或所持法轮、兵器、珠宝等持物。

五台山唐代密宗国家道场建立后，曼荼罗图像在密教寺院中随处可见，仅圆仁《入唐求法巡礼行记》就记载有多处。《入唐求法巡礼行记》卷二："行到竹林寺断中……有般若道场……华严院堂中，有金刚界曼荼罗一铺"；卷三："入贞元戒律院。上楼……诸曼荼罗，彩画精妙"；"开金阁礼大圣文殊菩萨……阁九间，三层，高百余尺，壁檐椽柱无处不画。内外庄严，尽世珍异……粉壁内面画诸重曼荼罗，填色未了。是亦不空三藏为国所造。"

圆仁于唐开成五年（840）巡礼五台山，金阁寺所绘《诸重曼荼罗》，尚且"填色未了"，是其当年所见。金阁寺由创立唐代密宗的"开元三大士"之一不空三藏奏请唐代宗李豫敕建，时在永泰二年（766）五月。但八年之后，即大历九年（774）六月，金阁寺因欠工匠工钱，所绘曼荼罗等仍未完工，即圆仁所谓"填色未了"。大历九年六月，不空三

藏制"遗书"一封，嘱其弟子奏请朝廷，拨帑竣工。《代宗朝赠司空大辨正广智三藏和上表制集》卷三《三藏和上遗书一首》："……吾缘身衣并已舍尽，有金八十七两，银二百二十两半，并将施入五台山金阁、玉华两寺，装修功德。……吾奏圣人造阁，下置文殊菩萨，上安汉梵之经，为国福田，永代供养。阁则大改（概）已成，作家欠钱，装饰未了……汝共大夫计会，善为闻奏，修崇了却。"然六十余年之后，圆仁巡礼台山，此阁曼荼罗"装饰"，仍未完工，故有"填色未了"之感慨。

5.《涅槃图》壁画

释迦牟尼成道后的四十五年时，即八十岁时，离开自己说法的王舍城，于二月十五日来到拘尸那迦城婆罗双树之间，卧七宝床，头向北，右手支脸，左手置于身上，双足合拢，右胁向下，面向西，侧身而卧，在作了最后的说法后，于午夜之时进入了大般涅槃境界。其时，释迦牟尼的十大弟子迦叶、阿难、舍利弗、目犍连、须菩提、迦旃延、富楼那、优婆离、阿尼律陀、罗睺罗，释迦牟尼生母摩耶夫人，以及梵天王、帝释天、毗沙门天、金毗罗神、密迹力士、忉利天王、兜率天王、化自在天王、火焰天王、双树神、四天王等侍卫周旁，莫不悲痛哀伤。

《涅槃图》为讲述释迦牟尼一生八个重要阶段或节点的故事之一，即"八相成道"之一。其余七相，为降兜率、托胎、诞生、出家、降魔、成道、转轮。释迦入灭前，曾嘱咐弟子阿难："已成者皆灭，不可放逸。要勤修我法，吾灭后以戒为师。"

唐"会昌法难"前，五台山大花（华）严寺曾绘有此"涅槃相"壁画，而且极为生动形象。圆仁《入唐求法巡礼行记》卷二："……到大花严寺……入涅槃道场，礼拜涅槃相：于双林树下右胁而卧，一丈六尺之容，摩耶闷绝倒地之像，四王、八部、龙神及诸圣众，或举手悲哭之形，或闭目观念之貌，尽《经》所说之事，皆相为像也。次入般若院……兼画天台大师影，长供养……"此段记载中，"皆相为像也"一句，有多种版本，或作"皆捏为相也"，或作"皆相为相也"，或作"皆相为像也"等。其实，日文、中文原始版本中均为"皆为相也"，而只有日文等注释中才加一字，并云插入"担""捏""模""把"等字皆可。圆仁这里所记"涅槃相"，似应为壁画，并与"兼画天台大师影"等图、绘并列，故无须再

插入一字，尤其是插入制作塑像等的"捏"字。

6. 高僧影作及影堂

高僧入寂，后人为纪念追思，图绘其生前形象、事迹之画作称为"影"；供置其"影"的堂室则称作"影堂"。《乐邦遗稿》所收明教大师《题远祖师影堂记》："远公事迹，学者虽见，而鲜能尽之。使世不昭昭见先贤之德，亦后学之过也。予读《高僧传莲社录》及《九江新旧录》，最爱远公六事，谓可以劝，乃引而释之，列之其影堂，以示来者。"《宋高僧传》卷十八《陈新罗国玄光传》："南岳祖构影堂，内图二十八人，光居一焉。"

日僧圆仁《入唐求法巡礼行记》曾记五台山所见影作数处，该书卷二："……到大花严寺……次入般若院，礼拜文鉴座主一，天台宗，曾讲《止观》数遍。兼画天台大师影，长供养。……更见大鞋和尚影：曾在此山修行，巡五台五十遍。于中台顶冬夏不下，经三年也。遂得大圣加被，着得大鞋。鞋高一尺，长一尺五寸，大一量廿五斤，小一量十斤。现着影前。和上曾作一万五千具衣帔，施与万五千僧，设七万五千供。今作影于高阁上安置供养……行到竹林寺断中。斋后巡礼寺舍。有般若道场。曾有法照于此堂念佛……今造影安置堂里。又画佛陀波利仪凤元年来到台山见老人时之影。"

7. 国家功德七十二贤圣画像

"功"指施行善心、善事；"德"指因施行善心事、善事而得到的果报、回馈。《大乘义章》卷九："言功德者，功谓功能，善有资润福利之功，故名为功。此功是其善行家德，名为功德。"《仁王经疏》卷上："施物名功，归己曰德。"

五台山作为唐朝廷倾力打造的国家道场，不少名寺大寺在供奉诸佛、诸菩萨像同时，亦将国家功德七十二贤圣作为瞻礼崇敬之对象，其中既有三维立体塑像，亦有二维平面壁画、卷轴。《广清凉传》卷下："释法兴……来礼圣迹，志乐林泉，隶名佛光，遂有终焉之志。四方供利，身不主持，修弥勒大阁……尊像庄严……七十二位圣贤、八大龙王、台山诸寺圣像，万有余尊，绘塑悉具，僧徒称赞。"《入唐求法巡礼行记》卷二："入贞元戒律院。上楼，礼国家功德七十二贤圣、诸曼荼罗。彩画精妙。""暮际，雷鸣雹雨。阁院铺严道场，供养七十二贤圣……堂中傍壁次第安列七十二贤圣画像……次奉请七十二贤圣，一一称名。

每称名竟，皆唱'唯愿慈悲，哀愍我等，降临道场，受我供养'之言，立礼七十二遍，方始下座。"

"国家功德七十二贤圣"，疑指唐代朝廷按国家功德标准选出的七十二位功德名人，但现无确考。唐贞观十七年（643），唐太宗李世民曾敕绘长孙无忌、李孝恭、杜如晦、魏征、房玄龄等二十四位国家功臣图像于凌烟阁置奉，供人瞻仰礼敬。五台山寺院唐代所置国家功德贤圣，是否从于国家社稷有大功德的僧、俗两界贤圣中选出，还须进一步考证。

8. 《西方净土变》壁画

唐代西方净土信仰大为普及，《西方净土变》亦成为壁画之流行题材。白居易《画西方净土帧记》："……此娑婆世界，微尘众生，无贤愚，无贵贱，无幼艾，有起心归佛者，举手合掌，必向西方。有怖厄苦恼者，开口发声，必念阿弥陀佛……命工人杜宗敬，按《阿弥陀》《无量寿》二经，画西方世界一部。高九尺，广丈有三尺，弥陀尊佛坐中央，观音、势至二大士侍左右，人天瞻仰，眷属围绕……"

五台山佛光寺东大殿栱眼壁遗存唐代所绘《西方净土变》壁画一幅，画面中的人物、情节几乎与白居易所述西方世界一致：画面中央绘阿弥陀佛说法，左右绘观音、大势至二菩萨听法，观音、大势至周围，又有多身胁侍、护法簇拥。

9.《毗沙门天降魔护法图》壁画

五台山佛光寺东大殿中央佛坛释迦牟尼佛所坐须弥座后侧束腰处，遗存有唐代壁画一幅，题材为毗沙门天降魔。画面之中，毗沙门天手执宝剑，脚下地神簇拥。毗沙门天右侧，则绘一力士擒一猿状怪物，及一半魔状人物，控御一龙状怪兽，向毗沙门天走来。此壁画疑为《送子天王图》之一部分，其所依粉本或画稿，可能与吴道子的《送子天王图》有关。

10.《卷草图》壁画

五台山佛光寺东大殿栱眼壁，还遗存有唐代《卷草图》两幅。色调以青绿为主，笔势行云流水，动感甚强，与敦煌莫高窟唐窟同题材壁画十分接近。

11.《五台山图》及其壁画

唐龙朔年间（661—664），唐西京会昌寺沙门会颐等，曾多次奉敕前往五台山检寻圣迹，查访古迹，拜谒高僧，绘制《五台山图》一卷，以及对此《山图》予以记述说明的"小帧述略"一卷。《古清凉传》卷下《游礼感通》："唐龙朔年中，频敕西京会昌寺沙门会颐，共内侍掌扇张行弘等，往清凉山检行圣迹……从南向北，凡是古迹，悉追寻存亡，名德皆亲顶礼。颐等既承国命，目睹佳祥，具已奏闻，深称圣旨。于是，清凉圣迹，益听京畿，文殊宝化，昭扬道路。使悠悠溺丧，识妙物之冥泓，蠢蠢迷津，悟大方之幽致者，国君之力也。非夫道契玄极，影响神交，何能降非常之巨唱，显难思之胜轨。千载之后，知圣后之所志焉。颐又以此山图为小帧述略传一卷，广行三辅云。"

有唐及五代，随着五台山文殊信仰的广泛传播，以及五台山文殊道场影响地位的日益提升，《五台山图》成为海内外僧尼信众广泛索取、崇奉的粉本或画稿。《旧唐书》卷十七《敬宗本纪》唐长庆四年（824）"九月……甲子，吐蕃遣使求《五台山图》。"日僧圆仁《入唐求法巡礼行记》卷三亦记印度、日本等国僧人，迎取五台山灵化传、化现图："南天竺三藏法达边写取五台山诸灵化碑等。……头陀僧义圆，见雇博士自出帔袄子一领，画《五台山化现图》，拟付传日本。为待画毕，不得发去。"

会颐所绘《五台山图》，义圆所付传《五台山化现图》，均应是对五台山之地理山川、交通道路、寺院兰若、造像塔幢、僧侣僧众、圣迹化现等进行全面系统描绘乃至渲染的宏大画卷。如义圆托博士所绘《化现图》，绘制时间竟达八九天。《入唐求法巡礼行记》卷三："（七月）十八日……画《五台山化现图》……（七月）廿六日，画《化现图》毕。"

会颐所绘《五台山图》，日僧所求《化现图》等，今已不存。敦煌莫高窟六十一窟现存五代后汉天福十二年（947）所绘《五台山图》壁画一铺，于其中亦能窥见唐、五代之际同类题材图绘的内容及规模。此壁画大致可分上、中、下三部分：中间部分绘"南台之顶""西台之顶""北台之顶""西台之顶""中台之顶"等五座台顶及台山地区的山川地貌，以及"大金阁之寺""大贤之寺""大王子之寺""大清凉之寺""大建安之寺""大佛光之寺""大华严之寺""大法华之寺"等五台山"台内""台外"所建众多寺院、兰若，"大圣文殊真身"等造像，以及佛陀波利两次至五台山与文殊圣化老人交谈等故事；上面部分，主要绘五台山的化现瑞相及诸种灵异，如"大圣文殊师利乘金狮子驾现祥云""大圣毗沙门天赴普贤会""化云菩萨一千二百二十""大毒

龙二百三十五""婆竭龙王现""雷电云中现"等；壁画最下面部分，则绘"河口南太原""忻州定襄县""五台县"等地，通往"河北道镇州"等地的交通道路及关隘、桥梁、地名，以及行走往返于五台山道路上的"送供天使""送供使"等香客旅人等。此铺壁画场面宏大，内容繁富，气势磅礴，其中绘城池、寺院、殿宇、兰若、房舍等建筑约二百处，桥梁十余座，僧侣信众等人物四百余身，马匹骆驼五十余匹，榜题二百条左右。

五代之际，敦煌一带的僧人参拜五台山途中，于太原绘制《五台山图》，然后带回出发地的风气仍甚为流行。《敦煌地理文书汇辑校注》，收有《往五台山行记》残文，其中即记五代后唐长兴二年（931）之后，有沙州僧人至五台山求法巡礼，并于途中在太原城内画《五台山图》一事："二十四日卯时发行三十里，南桥受供养。又行十里，到太原城内，大安寺内常住库安下。二十五日，前衙参太傅。二月二十八日，下手画《五台山图》。二十九日，长画至终。"此记亦说明敦煌等地现存《五台山图》类壁画，其画稿、粉本基本上源于五台山或至五台山常须经停之地太原。唐代《五台山图》《五台山化现图》虽已失传，但其题材、内容乃至格局、场面等，或与敦煌莫高窟第六十一窟所绘《五台山图》大致相同，至少有颇多关联。

作为《五台山图》描述对象及发源地的五台山地区，在唐、五代之际是否绘有《五台山图》一类的壁画，因"会昌灭法"、殿宇墙垣圮塌等原因，已无法确考，但《广清凉传》卷中《神英和尚入化法华院》等所载，唐开元年间五台山法华寺三门外所绘《五台山十寺血脉图》，或应与唐、五代盛行于海内外的《五台山图》《五台山化现图》，在题材、内容上有某种联系乃至重叠。

（三）宋、金、元

宋、金、元之际，五台山依然保持旺盛香火。北宋太宗赵光义、真宗赵恒、仁宗赵祯等宋朝诸帝，均对五台山佛教大力扶持。《广清凉传》卷中："圣宋太宗皇帝践位，神武天资，克平伪主，重恢宇宙，再造生灵，故得像教弥隆，灵峰更弊。初，遣中使诣五台山焚香虔祝，特加修建……真宗皇帝御宇，景德四年（1007），特赐内库钱一万贯，再加修茸，并建大阁一座，两层十三间……赐额名'奉

真之阁'……自是，层楼广殿，飞阁长廊，云日相辉，金碧交映，庄严崇奉，邈超前代矣。""仁宗皇帝缵祖考之丕业，典儒释之大教，屡遣中使，斋供诣山……先是，庆历至皇祐三年，朝廷三次遣使，颁降太宗、真宗、仁宗皇帝三朝御书，凡一百八十轴，并天竺字源七册……重建大阁一座，两层，凡一十三楹，于上层置斗宫分布，中楹安卢舍那佛像，四周造万圣像。雕刻彩绘，备极工巧。"宋时，有明确记载的寺院亦有七十余座。

金代太宗完颜晟、熙宗完颜亶、海陵王完颜亮、世宗完颜雍等，均对五台山佛教有所扶持。金天会十五年（1137）重建佛光寺文殊殿，金世宗在位之际又敕建万岁、平章、净名等寺。元世祖忽必烈、成宗铁穆耳、武宗海山、英宗硕德八剌等帝，亦在五台山大兴土木，兴建皇家和国家道场。《元史》卷十二《世祖》："平滦造船，五台山造寺伐木，及南城新建寺，凡役四万人。"卷十八《成宗》：元贞元年"四月丙午，为皇太后建寺于五台山……"卷二十二《武宗》：至大元年"二月癸巳……立皇太子卫率府，发军千五百人，修五台山佛寺……"十一月"癸未，皇太后造寺五台山，摘军六千五百人供其役"。

但由于战乱烽火、殿宇倒塌及寺院重建等原因，五台山地区宋、金、元三代大部分寺院壁画已毁而不存，故只能凭一些文字记载或少数遗存，对五台山这一时期的佛教寺院壁画作简要描述。

1. 《千佛图》壁画

五台山宋代壁画绝大部分今已湮没无存，仅有佛光寺东大殿栱眼壁画中，遗留有宋代《千佛图》壁画两幅。此栱眼壁画，每幅绘八圆光，每圆光中各绘佛十身，或作说法印，或作与愿印，或作合十印，皆绘双眉、短须，微侧身躯而结跏趺坐，袈裟敷搭，身材稍显清秀，螺发低平，于额前双分，额顶嵌髻珠，画面以青绿为主调。其中一幅使用战掣笔法，宋画特征较为明显。

2. 《水陆》壁画

繁峙县岩山寺为五台山"台外"寺院之一。该寺正殿原有金代宫廷画师王逵所绘《水陆》壁画一堂，惜此殿已毁于清代，殿内壁画亦随之损毁无存。此寺遗存《绘水路殿壁画碑记》碑阳刻文："……伏以象（像）法教通，水陆未兴，梁武梦僧，志公劝帝，亲制仪文，始建道场设祭事，舍金山寺，兹教

法行于诸处所，致有干戈是匿不传。至唐英公禅师，异人告指仪文，求度群迷，于义济躬阐鸿教，然后布行天下。太宗为经战阵之所立寺，荐救阵亡之士。何况此邦乃平昔用武争战之地，暴骨郊原，沉魂滞魄之幽，泉壤无所凭依，男观女睹，嗟泪重弹，岂不伤哉？极感厚人，矜悯一方，相纤命工图像，凡绘水陆一会，故以斯缘留意资拔，极乐弥陀，一念洪（宏）明（名），各灭罪恒沙……"碑阴刻文："……御前承应画匠王逵……时正隆三年（1158）戊寅岁四月十五日建讫。"

3. 建筑界画及《佛传》《佛本生经变》《鬼子母经变》壁画

繁峙县岩山寺文殊殿（南殿），现存金大定七年（1167）宫廷画师王逵所绘壁画一堂。此堂壁画，将《佛本生经变》《佛传》《鬼子母经变》《观音经变》等人物、故事、情节、场景，穿插于界画方式绘制的城池、宫殿、楼台、庙宇、店肆等大量建筑中，图形写实，描绘精细，是后人了解宋、金建筑的珍贵图像资料。此堂壁画，除绘有佛本生、佛传所涉及佛、菩萨等佛教故事人物外，还绘制有大量世俗人物及相应情节、场景，从帝王将相、达官巨贾，到市井平民、农夫商贩、仆役工匠、僧尼信众等，几乎无所不包，是后人了解宋、金社会的重要资料。此堂壁画，除在建筑物绘制上采用界画手法外，还于人物、场景刻画上，使用了卷轴工笔画法，刻画精细、入微，在宋金绘画史上占有重要地位。殿内西壁壁画墨书题记："大定七年（1167）前□□二十八日画了，灵岩院□□画匠王逵，年陆拾捌岁。"

4. 白画《诸佛图》壁画

五台山佛光寺东大殿佛坛扇面墙后壁，有两处白灰脱落，露出两块白画《诸佛图》壁画。诸佛皆圆形头光，面相鼓圆，额顶髻珠，螺发于髻珠前后分作三绺，项上"三道"明显，上身袒露，袈裟敷搭，手印不一，或作说法印，或施无畏印等，有些佛胸前还有卍字图案，且皆为白画，尚未施色。此两处诸佛图，金、元时代特征较为明显。

（四）明、清

有明一代，五台山佛教寺院较宋、金、元时期有所增加。据明镇澄记载，当时五台山台内寺院有六十八座，台外寺院有三十六座，共计一百零四座。明镇澄《清凉山志》卷二《伽蓝胜概》："历

代以来，诸刹废兴，沿革数目，难以悉记，今略录显著者于左云耳：台内佛刹，凡六十八。……台外佛刹，凡三十六。"有清一代，五台山寺院曾达到一百二十二座，其中汉传佛教寺院九十七座，藏传佛教寺院二十五座。但因殿宇修葺、墙垣倾圮重砌等原因，五台山明、清寺院中的许多重要壁画今亦不存，故亦只能依据碑记、山志等文字记载及现有遗存作简要勾勒。

1.《万菩萨》壁画

《万菩萨》为五台山历代寺院绘塑重要题材。《华严经》之《菩萨住处品》："东北方有菩萨住处，名清凉山。过去有菩萨常于中住。彼现有菩萨，名文殊师利，有一万菩萨眷属，常为说法……"日僧圆仁曾记唐代五台山寺院塑绘万菩萨图像。《五台山求法巡礼行记》卷二："……竹林寺斋礼佛式……同礼尺（释）迦牟尼佛、弥勒尊佛、文殊师利菩萨、大圣普贤菩萨，一万菩萨……"五代佚名《往五台山行记》，记载五代之际有关情况："……又到佛光寺……兼有大佛殿七间，中间三尊，两面文殊、普贤菩萨。弥勒阁三层七间，七十二贤，万菩萨，十六罗汉……"日僧成寻亦记宋代之际，五台山有万菩萨塑绘。《参天台五台山记》："……参太平兴国寺，中台半腹也，去真容殿五里。先礼文殊阁丈六像，次礼浑金经藏；次登上殿，礼一万菩萨……"

明宣德年间，曾在五台山佛光寺东大殿绘制三千诸佛与一万菩萨构成的壁画一堂，其人物、情节、场面等，应颇为宏大壮观。可惜此堂壁画，后因墙体倒塌，早已毁而不存。《重修佛光寺补塑罗汉之碑》："……后至宣德年间，有师祖上本下随，雅号照庵，乃山东蓟州玉田之望族，策杖来游五台。至此佛光，睹斯广殿重阁，圣像巍峨，大殿赤壁之间上下皆空，喜而虽（随）止，壁画三千诸佛、一万菩萨，塑彩五百罗汉，宏钟大鼓，丛林之大兴也。""……至今年深，深墙颓毁，罗汉残缺。有本寺录上人，号曰敬堂……叹而言曰：前人心力，莫负于此。敦请本邑泉岩乡南禅□本公，号曰无生，二上人冲寒冒暑，舍逸趋劳，募化十方之珍材，成就丛林之胜事。兴工于丁巳之年，落成于戊午之岁，罗汉墙壁，焕然亦新……"上述碑记中的丁巳为明正统二年（1437），戊午为明正统三年（1438）。据此，明正统初年，

东大殿等处墙壁坍圮，殿内壁画尽毁，两山及后墙处罗汉亦有损毁，故在正统二年至三年又重砌墙壁，补塑罗汉，但并未重绘殿内壁画。

2.《水陆》壁画

繁峙县公主寺现存明弘治十六年（1503）所绘《水陆》壁画一堂，所绘四百八十余身人物，分"正位神祇""天仙""下界神祇""冥府神祇""往古人物""孤魂"等几大部分，个性鲜明，神情并茂，面相及衣饰明代特征明显。施线以兰叶描为主，铁线描及钉头鼠尾描为辅，用色则以朱、黄为主，青、绿、赭、绛等色次之。题材内容与明初太原刊印的《天地冥阳水陆仪文》大致吻合。整堂壁画，无论艺术水准还是题材内容，均属有明一代"北水陆"壁画之典范精品。

3.《五百罗汉》壁画

五台山佛光寺文殊殿遗存有明宣德四年（1429）所绘《五百罗汉》题材壁画一堂。此堂壁画，用工笔淡彩手法，线条流畅，刻画精细。现有二百余身罗汉，面相、衣饰、持物、神情、姿态等，均不雷同，个性鲜明，栩栩如生，为明代罗汉题材壁画中的精品佳作。《五台山大佛光寺铸钟叙记》："京都顺天府苏州盘山北少林寺住持……于宣德四年六月内，游礼五台山清凉境界……于正殿并文殊殿内，发心塑造罗汉五百尊……"

4.《诸菩萨众》壁画

五台山佛光寺东大殿棋眼壁，遗存有明代所绘《诸菩萨众》壁画六幅，皆体态丰满，圆形头光，髻发簪花，上身着大袖长衫，外面敷裹袈裟，下着长裙，跣足，立于黄红交织祥云之间。此《诸菩萨众》壁画应属"菩萨忏"一类题材。唐良贲《仁王护国般若波罗蜜多经疏》卷下："广作佛事者，化利事也。如《花严》说，谓此《菩萨忏》除重障，敬礼诸佛。"

5.关公故事壁画

五台山塔院寺伽蓝殿及寿宁寺伽蓝殿，各绘一堂关公故事壁画，其中塔院寺伽蓝殿南北两山共绘关公故事五十八幅，寿宁寺东西两壁则绘共同题材故事七十二幅。其所依，基本出自《三国演义》小说、戏剧。从内容及画风看，两堂壁画应源于基本相同的粉本或画稿。此两堂壁画的人物、情节、场景，皆描绘细致、生动，故事性甚强，为明清之际五台山地区壁画遗存之精品。

明、清之际，出现了文学名著乃至民间传说故事融入佛教图像题材内容的现象，而于壁画、雕刻等制作中尤甚。此外，明清之际，佛教与传统儒、道两教乃至民间信仰，呈现出相互渗透融合之势，"武圣"关公亦被列入佛教护法之中。五台山塔院、寿宁等寺伽蓝殿所绘关公故事壁画，即上述渗透融合趋势的一种具体体现。

6.《佛传》壁画

五台山南山寺极乐寺大雄宝殿两山内壁上部，绘有《佛传》壁画五十八幅，画面人物众多，主次分明，且情节、场面复杂，较为生动完整地描绘了释迦牟尼诞生、出家、成道、说法、涅槃等一生关键情节。明代僧人编撰《释氏源流》，对明、清两代佛传壁画绘制的题材内容颇有影响，是此期同题材壁画绘制的重要依据。极乐寺此堂壁画与之对照，题材内容虽基本能"对号入座"，于其中找到对应出处，但整个画面"一事一画，四字一题"等谋篇布局格式，却与光绪十年（1884）至二十四年（1898）上海印行的《点石斋画报》基本相同。故此堂佛传壁画，应为清末民初大规模整葺南山寺时绘制，而非一些学者所认定的明代壁画作品。

（五）民国

民国年间，五台山亦有寺院新建。据1956年调查，其时五台山共有寺院一百二十四处，其中青庙九十九处，黄庙二十五处。此期所创所茸所建寺院，亦多有壁画制作，如龙泉寺大雄宝殿之佛传壁画、文殊殿之五百罗汉壁画等，均为五台山地区民国年间壁画遗存之上乘作品。

7.《善财童子五十三参》壁画

五台山南山寺佑国寺雷音殿绘有《善财童子五十三参》壁画一堂，人物刻画细腻，神情并茂，情节场景逼真生动，线条繁富而流畅，色彩艳丽而不俗，尤其是所采用侧颜而正眼的面部形象刻画，明暗层次分明的色调晕染，近、中、远景结合的立体透视构图等表现方式，已将西方诸多绘画理念、方法及技巧借鉴并融于其中，表现出清末民初佛教壁画创作由中国本土传统向西方绘画借鉴学习，并开始向现代佛教壁画创作过渡的特点。

二、五台山现存佛教壁画

（一）唐代壁画

佛光寺东大殿唐代壁画

（1）《西方净土变》壁画

唐绘《西方净土变》栱眼壁画一幅，位于前槽北次间栱眼壁外侧，壁画面积约3.26平方米，内容出自唐代流行的同题材变文。画面中间画阿弥陀佛说法场景，左右画观音菩萨、大势至菩萨赴会听法情景。弥陀佛及两菩萨周围簇拥多身胁侍菩萨、供养菩萨、护法天王等眷属，天际有众佛菩萨乘云而至，聆听弥陀佛说法，还有多身伎乐飞天乘祥云飘飞于天际。原画以青、绿为主色调，赭石、米黄、铅粉等为辅色，但千余年后，青绿及赭石、米黄等色已衰褪改变，不少处几近铁灰。面部、胸腹、手臂、腕足等处，均已褪变为黑色。大势至菩萨及其眷属下部，有大块残损，画面脱落几尽。画面最右侧（北侧）三身比丘及护法之间，有一长方形榜题，但其间字迹已不可辨识。尽管如此，此栱眼壁画中唐代画作的总体面貌风格犹存，唐风仍在。

（2）《毗沙门天降魔护法图》壁画

唐绘《毗沙门天降魔护法图》壁画一幅，位于明间佛坛释迦牟尼佛须弥座后侧束腰处，面积约0.35平方米。图中毗沙门天手执宝剑，脚下有地神托拥，身旁有吉祥天女陪伴。前方绘二组降魔图，靠近毗沙门天一组，绘一戴官帽力士，擒一猴状怪物，匍匐于地；离毗沙门天稍远一组，绘一巨龙张牙舞爪，欲吞食一惊恐万状的骷髅恶鬼；恶鬼前绘一半人半魔的人物，带已降伏恶鬼正向毗沙门天走来。画面情节与画风，与吴道子《送子天王图》在某些方面相似，唐风亦浓。

此《毗沙门天降魔护法图》疑为《送子天王图》之一部分。此须弥座左、右及后侧束腰处壁面，可能原来均绘有壁画，但今左、右两侧束腰处壁画均毁而无存，仅有须弥座后侧束腰处此幅壁画遗存下来，亦残损不全，主要损毁处有毗沙门天左侧原绘一人物，但因壁面剥落，现仅存一脚及腰后一小部分；毗沙门天前侧，擒伏怪物的着虎豹袍装武官，亦因壁画脱落而少半个头颅；画面右端一龙状怪物，一部分身躯等亦漫漶不清。尽管如此，此幅唐绘总体而言，线条、色彩、神态、情节、布局等，保存较为完整，唐代壁画原有面貌风格尚存，亦难能可贵。

（3）《卷草图》壁画

唐绘《卷草图》两幅，分别位于前槽南、北梢间栱眼壁外侧，面积约6.52平方米，主要由忍冬草翻卷勾连而成，画面饱满，笔法流畅，行云流水，动感极强。色彩原以蓝为主，间以赭石等色，现在色彩已褪变，画面亦有多处斑驳脱落，但原来面貌风格基本保存。

（二）宋代壁画

佛光寺东大殿宋代《千佛图》壁画

佛光寺东大殿前槽明间、南次间栱眼外侧壁面，遗存有两幅宋代所绘《千佛图》壁画，面积13.04平方米。每幅绘八个圆光，每一圆光内绘十身结跏趺坐佛像；每一圆光下侧，均有墨书题记，并用方框四周框起，方框内文字为每身佛的尊号，如"南无功德智佛""南无华胜佛""南无不染佛""南无月光佛""南无天光佛""南无宝光明佛"等。所绘佛，螺发低平，嵌珠，上身着袈裟，袒露前胸，项上"三道"明显；所结手印不一，或合掌，或说法，或施无畏，或施与愿；诸佛坐姿亦不一，或侧身而坐，或倾身而坐；画面施色以青、绿为主色调。

此两幅壁画，宋代样式、色彩等基本面貌风格，保存基本完好，且为五台山地区现在所知仅有的两幅宋代壁画遗存，十分珍贵。两幅壁画中，北次间一幅画面保存较为完整，只是右侧（北侧）三个榜题下方墨书字迹已漫漶不清；当心间一幅，除最右侧（北侧）一标题中的墨书落款题记有一些字迹尚可辨认外，其他八个榜题中的诸佛名号字迹，均漫漶不存；圆光中所绘诸佛，褪色、脱色亦较北次间严重，多身佛的脸、手、上身等线条有过重勾。但此两幅壁画，原画面貌风格犹存。

当心间一幅，画尾墨书题记多处字迹残缺或不清，题款年号引发后世学者意见分歧。

（三）金代壁画

岩山寺文殊殿金代壁画

繁峙县岩山寺文殊殿现存金代壁画97.98平方米。其中，东壁壁画面积38.57平方米；西壁壁画面积38.57平方米；南壁壁画面积4.49平方米；北壁东梢间壁画面积5.18平方米；北壁西梢间壁画面积4.14平方米；北壁两次间窗槛下方壁画面积6.96平方米。

东壁

东壁壁画正中画释迦牟尼佛，后有圆形头光、身光和焰光，结跏趺坐于束腰须弥座上置青色莲台之上；须弥座左右近侧，画迦叶、阿难二弟子像，

均有头光；释迦佛左前侧，画普贤菩萨像，花冠宝缯，天衣璎珞，左手执经卷，双足下垂坐于束腰须弥座上，后有圆形头光和莲瓣形身光；释迦佛右前侧，画文殊菩萨像，亦花冠宝缯，天衣璎珞，右手执长柄如意，右腿盘屈，左足下垂，坐于束腰须弥座上，后亦有圆形头光和莲瓣形身光。普贤左近侧文殊右近侧，各画一天王。释迦佛正前面，画鬼子母、琉璃钵塔和魔鬼。鬼子母面向释迦佛双手合十，请求放回自己的儿子；魔鬼正用金刚杵撬动琉璃钵塔，试图救出鬼子母的儿子。

东壁壁画南侧（释迦佛左侧），画一城池。城池外有砖砌墙，城墙正面画城门。城门进去，画正殿、配殿、阙楼、垛楼、行廊、庙宇等建筑。已成为二十诸天护法之一的鬼子母伫立于城边云头，有圆形头光和舟形身光、焰光，已是儿童、妇女的保护神。

东壁壁画北侧（释迦佛右侧），亦画建筑群，包括重檐十字脊主楼以及左右挟楼、配殿、水磨房、石拱桥等。建筑群上端，画鬼子母前世作为孕妇至王舍城赴会场面。此故事讲的是鬼子母前世至王舍城赴会，于途中流产，五百人皆弃她不顾，所以此孕妇发誓下世转生王舍城，食尽城中少儿。

东壁壁画以《鬼子母本生经变》和《须阇提太子本生经变》为主要内容。除所绘大量建筑外，还画有佛、菩萨、天王、龙王、金刚、飞天、仙女、鬼子母、魔王，以及国王、嫔妃、大臣、婢女、农夫、磨工、幼儿等近百人，但大多数榜题已漫漶不清。

西壁

西壁壁画建筑主要画一座宫城，宫城外围画砖砌城墙，原来还画有东、西、南、北四座城门，但城墙大部分现已漫漶。宫城中主要建筑为正殿，由前殿、后殿、香阁、主廊及挟屋等组成，均雕梁画栋，陡脊重檐，体量庞大，结构复杂，巍峨壮丽。画面上方及两侧，画有与主体建筑群相连接的回廊、宫殿、亭台、水榭，以及店肆、民居、农舍、山林、河流、沼泽等。画面正中画释迦牟尼，双肩着袈裟，下身着长裙，袒露前胸，右手于胸前作说法印，左手下垂作与愿印。佛身后画圆形头光、身光及舟形焰光，俯视下方，立于云端，其榜题为"释迦牟尼佛为梵王现神变处"。

画面正中上方，画护明菩萨夜半托生情景。护明菩萨花冠天衣，宝钏璎珞，头光身光，乘白象，四周

祥云缭绕，众仙女、工臣陪护，目射出一道金光，直入下方宫殿，榜题为"此是护明菩萨夜半托生之处"。

整个西壁绘有四十五个《佛传》故事。较之东壁，榜题大部分尚可辨认。

南壁

南壁仅存东梢间壁画，右下方主要画释迦牟尼及迦叶、阿难像。释迦佛坐于束腰须弥座，后有圆形头光和身光，右手举起，似作说法印。迦叶、阿难分立左右前侧，亦有圆形头光。释迦佛右外侧，画菩萨伫立像，亦有头光。释迦佛所坐须弥座左下角画供养人像，现已不清。释迦佛上画一组楼阁建筑，楼阁右侧与高台相连，高台勾栏重重。

北壁

北壁东梢间与东次间原为一整体画面，但现仅存东梢间一幅画面，主要画一座寺院，寺院中心画一座七级八角木塔，塔顶为重檐，底层挟层加抱厦，塔身背后通体画焰光。一菩萨天衣飘拂，于塔上乘云飘向空中。塔底层抱厦中央画一坐佛。塔四层回廊上有僧伫立张望。寺院外画街肆、亭阁，似有提篮、捧钵人等在寺外走动。

北壁西次间及西梢间为一幅画面。西梢间部分，上面画一建于高台之上的重檐歇山顶阁楼，阁楼内外众人或走或坐，阁楼下面，又画重檐歇山顶亭阁、单檐歇山顶亭阁等建筑，下面为城墙。上方阁楼左侧，画一小院，房屋明柱上绑有四人，院内池中亦绑二人。画面最上方画青峰数座，山峰中有殿宇一座。一菩萨天衣飘逸，背有头光、身光及焰光，从天际飘然而下，俯视下方。

北壁西次间画五百商人海上翻船遇罗刹女而最终被观音菩萨救助的故事，但大部分画面已漫漶不清，只能看到船舱顶上似有船夫在奋力拉紧风帆绳索，船舱外边有商人面对大海似乎忧心忡忡。此画面右上角，还画有黑白线描建筑群一组，中间有重檐歇山顶两层高阁一座，底层画挟屋、抱厦及高台。阁楼左前侧画重檐庑殿顶殿宇两座，高阁右前侧画有四面勾栏的露台一座，高阁正前面画行廊等。建筑群落之间有成人、儿童在走动、活动。

遗存状况

岩山寺文殊殿壁画自金大定七年（1167）绘制完成，迄今已有八百五十多年历史，虽有漫漶、起甲、脱皮、褪色，但大部分金代壁画画面得到较完好保存。

金代壁画的题材内容、宫城建筑、风情民俗，以及世俗与神佛两界种种人物及活动场面，仍基本保存原有面貌风格。

此堂壁画漫漶、褪色、脱皮而导致的模糊不清，甚至图、色皆无者，主要在东、西壁的下部，以及南壁两梢间、北壁东次间等处。东壁除画面下部大部分漫漶不清或斑驳难辨外，大多数榜题题记及人物面部也因曾有人用酒精或酒类清洗辨认而发生某种反应，已基本上呈黑色一片。西壁四十余榜题中，大部分字迹尚为清晰或尚可辨认，但墙壁北侧约占西壁整个画面五分之一的部位以及整个墙面的底边部分，大部分已漫漶不清或图像全无。南壁西梢间、北壁东次间的壁画，现已损毁不存。壁画中极个别部位，放大后可见后世补绘、补色痕迹。

（四）明代壁画

1. 公主寺大雄宝殿

《水陆》壁画

繁峙县公主寺大雄宝殿现存明代《水陆》壁画98.99平方米。其中，东壁画面27.38平方米，西壁画面27.36平方米，南壁画面15.65平方米，北壁画面28.60平方米。共有榜题一百二十五个，一百二十九组画面，各式人物四百八十身左右。

东壁

东壁画面以南无卢舍那佛像为中心，榜题四十四个。卢舍那佛左侧（南侧）的榜题分别是"南无卢舍那佛""大梵天主""天龙八部""观音菩萨""金刚座神""十八罗汉""文殊菩萨""日宫天子""四大天王""四大天王众""十地菩萨""角亢氏房心尾箕""斗牛女虚危室壁""天藏菩萨""旷野大将军""东岳南岳中岳并从眷等""大药叉神众""天仙神众""西岳北岳一切神祇众""五瘟使者""主苗主林主病主药""三灵侯圣众""四海龙王众"等。卢舍那佛右侧（南侧）的榜题分别是："天龙八部""普贤菩萨""金刚座神""帝释天主""十八罗汉""月宫天子""四大天王""十地菩萨""势至菩萨""井鬼柳星张翼轸""奎娄胃昴毕觜参""东方青南方赤中方黄帝众""西方白帝北方黑帝""持地菩萨""护斋护戒护法之神""上元水马当过江王""安济夫人陵肃山镇江王口济龙王众""天仙神众""四直使者""雷电风伯众""五湖龙王众"等。

此外，东壁画面左上角南侧上角有墨书题记：

"真定府塑匠：任林、孟祥、赵士孝、李钦、张峰、敬升、李珠、陈义；画匠：戎钊、张鸾、高升、冯秉相、高进、赵喜。"

西壁

西壁画面以南无弥勒佛像为中心，榜题四十一个。弥勒佛左侧（南侧）榜题有"十信位菩萨""药王药上二菩萨""金刚座神众""天妃圣母""十住位菩萨""天宫神祇众""天蓬大帅玄天上帝""地官水官众""南斗西斗中斗星君众""地藏菩萨""十二宫辰众""九曜星君众""十殿慈王众""十二宫辰众""罗刹诸神众""清源妙道真君城隍五道""十八典狱众""东斗副老三星众""六曹判官众""大力鬼王众"。弥勒佛右侧（北侧），榜题有"南无弥勒佛""宝坛弥勒二菩萨""金刚座神众""后土圣母众""十行菩萨""十回向菩萨""北极紫微大帝""北斗星君众""十二相属神祇众""天猷副元帅翊圣德真君""威德自在菩萨""阎罗王天子众""十二相属神祇众""九曜星君众""阿（诃）利帝鬼子母炬判业众""□□□□□□（太乙真人诸神众）""三司神众""十八典狱众""崇宁护国真君山神土地众""五通神众""毗迦女众"等。

南壁

南壁画面共有榜题三十二个，其中东次间十五个，西次间十七个。东次间榜题从西侧至东侧分别有"□□□□□□□（九流百家诸士众）""往古阵亡一切众""水火湮没兵士鬼众""山水树花一切精众""客死他乡众""往古僧道尼一切众""□□□□□□□□（火焚屋宇伤残鬼众）""□□□□□□一切众""往古忠臣众""秦书九坎伏兵金神土□（符）大祸一切神祇众""往古帝王龙子龙孙众""饥荒殍饿殕嗷净众""八寒八热哀残众""引路王菩萨""太岁大杀黄幡宅龙日游一切神祇众"。西次间画面榜十七个，从西侧至东侧分别有"大阿难尊者""往古儒流众""含冤报恨众""大将军豹尾从官白虎五鬼众""往古忧婆忧婆夷""面然鬼王""□□□□□□□□（往古弃离妻子孤魂众）""往古后妃众""赴刑膀热众""丧门吊客力士畜官大耗小耗众""大腋臭毛针咽巨口众""往古真（贞）烈女众""自刑自给胎前产后众""墙倒屋塌鬼众""兽咬虫伤树折岩存众""往古忠臣烈使众""往古孝子贤孙众"等。

北壁

北壁东侧与西侧各有五个榜题，东侧从东往西是"不动尊明王除业障菩萨""马首明王观世音菩萨""甘露军咤利明王阿弥陀佛"，另外两个榜题已残损。西侧从东往西，前面三个榜题已损毁，后两个是"步掷明王普贤菩萨""无能胜明王地藏菩萨"。

遗存状况

繁峙县公主寺大雄殿水陆画迄今虽有五百余年历史，但绝大部分画面图像清晰，色泽鲜亮，明代壁画原有面貌保存完好。

此堂水陆壁画中，损毁不存处主要是北壁东次间西侧上下一条画面，北壁当心间大部分画面，北壁西次间东侧少半幅画面，以及南壁东次间西次上下一条画面。漫漶不清的画面，主要在西壁南侧，标有"阿（诃）利帝鬼子母炬判业众""阎罗王天子众""崇宁护国真君山神土地众"所涉及画面，以及西壁北侧"东斗副老三星众"等榜题所涉画面。壁画裂隙较大之处，在东壁北侧"持地菩萨"右侧一直往下至"西方白帝北方黑帝"中间以下有一道较宽裂隙，西壁北侧"地藏菩萨"左侧至"清源妙道真君城隍五道"右侧上下，以及"十八典狱众"右侧至"清源妙道真君城隍五道"左侧上下，有两道较宽裂隙。

2. 佛光寺文殊殿

《五百罗汉》壁画

文殊殿现存明代所绘五百罗汉壁画101.35平方米，其中东壁约遗存23.60平方米，西壁约遗存33.70平方米，北壁约遗存43.98平方米。整堂壁画现存罗汉像二百四十八身。画面中大多数罗汉形象清晰，线条完整，色彩鲜明，明代工笔淡彩罗汉图跃然壁上。

此堂五百罗汉图画面亦损毁较多。从北墙西侧及东侧壁画看，现存两山及北墙（后墙）画面仅存一半，原来壁画基本分上、下两部分绘制。画面下半部分，绘有前后两排罗汉，前排罗汉坐于岩石之上，后排罗汉于山石间或坐或站。画面上半部分，则绘有翔龙、祥云等图案。现在两山及北墙上半部分所绘图案几乎损毁殆尽，仅北墙东侧画面上部残存云中翱翔青龙一条。画面下半部所绘罗汉，除西山墙基本完整外，东山墙前排罗汉大部分已毁而不存，只剩个别头部画面，此墙北端后排罗汉亦有损毁。

北墙西侧壁画中，前排罗汉下半身毁损严重，已被白灰素墙代之。北墙西侧画面，前排罗汉大多从膝下起毁而不存，亦被白墙代之。

3. 佛光寺东大殿

《诸菩萨众》壁画

佛光寺东大殿栱眼处，现存明代《诸菩萨众》壁画六幅。其中，南内槽前间外侧栱眼七十八身，南内槽后间外侧栱眼七十四身；北内槽前间外侧栱眼五十八身，后间外侧五十身，后槽北梢间外侧栱眼一百〇二身，后槽南梢间外侧栱眼壁画损毁严重，身数已不可确切统计。诸菩萨皆体态丰满，圆形头光，髻发花簪，项上"三道"明显，上身内着大袖衫，外面敷裹袈裟，袒胸，下着大裙，跣足，或伫于地，或伫于莲朵。画面上，诸菩萨分上下数层绘制；下层菩萨间，多绘红黄色祥云缭绕其间。

（五）清代壁画

1. 塔院寺伽蓝殿

（1）关公故事壁画

五台山塔院寺伽蓝殿南北山墙内壁绘有关公故事壁画一堂，每壁各有关公故事二十九个、榜题二十九个，故殿内南北两山共有关公故事五十八个，关于关公故事的榜题五十八个。

其北壁北起第一竖列由上而下榜题为：酒店初会、桃园结义、苏张进马、造置刀剑、大破黄巾；第二竖列由上而下：平原赴任、鞭打督邮、三战吕布、生擒刘岱、活捉王忠；第三竖列由上而下：温酒斩华雄、土山观兵、刀劈远志、议允三事、刀劈官怡；第四竖列由上而下：秉烛待旦、大宴关公、怒斩杨龄、曹赐袍印、曹公进马；第五竖列自上而下：许田射猎、曹进美女、曹托付金、请给付银、怒诛文丑；第六竖列自上而下：秦正下书、皇嫂问信；第七竖列自上而下：曹□视袍、大战张郃。

其南壁南起第一竖列自上而下榜题为：怒斩庞德、刮骨疗毒、叱退诸葛瑾、西川托梦、敕封大帝；第二竖列自上而下：华容释曹、义释黄忠、单刀赴会、威震华夏、大战庞德；第三竖列自上而下：古城斩蔡阳、古城聚义、三顾茅庐、攻打樊城、河梁保驾；第四竖列自上而下：胡班夜来、荥阳关斩王植、黄河口斩秦琪、大战夏侯惇、卧牛山收周仓；第五竖列自上而下：灞桥辞别、廖化献功、东岭关较孔秀、洛阳关斩韩福孟坦、泗水关斩卞喜；第六竖列自上

而下：挂印封金、怒斩门官；第七竖列自上而下：写表辞曹、辞曹不见。

此堂壁画人物、情节、场景描绘精细，施色以蓝、绿为主，间以橘红、靛蓝等色，主要故事人物的冠带、兵器等处用沥粉堆金加以强调突出；故事之间，上下用云气相隔，左右则多以山石树木分开。其故事所本，以《三国演义》为依据，与《三国志》出入颇大。榜题以四字一题为主，但亦有五字、六字、七字、八字为一题者。

从此堂壁画的故事、榜题及人物造型、绘画风格等看，此堂壁画绘制所用粉本原稿，应与寿宁寺伽蓝殿同题材壁画来源相同或相近，其绘制年代亦应与寿宁寺伽蓝殿关公故事壁画较为相近，亦为清代五台山关公故事壁画之佳作遗存。此堂壁画北山墙"皇嫂问信"下，有作为壁画绘制纪年的"榜题"一方，上写"癸丑年绘"。有清一代的癸丑年共有四个，分别是清康熙十二年（1673）、雍正十一年（1733）、乾隆五十八年（1793）、咸丰三年（1853）。塔院寺现存《重修佛舍利塔碑记》，刊立于清康熙二十八年（1689），是塔院寺僧人海薄、海鳌等人，为纪念该寺僧人于顺治、康熙年间前后接力重葺寺内大慈延寿宝殿、牌楼、棚楼、风水楼、天王殿、伽蓝殿、祖师殿等而刊立的功德碑。结合此堂壁画绘制的样式、风格等看，此堂壁画绘制年代应在清康熙年间。

此堂壁画，除陈旧及略有斑驳外，整体上保存完好，为清前期五台山地区壁画珍贵遗存之一。

2. 寿宁寺伽蓝殿（关公殿）

关公故事壁画

寿宁寺伽蓝殿东、西两山内壁遗存清代所绘关公故事壁画一堂。东壁、西壁壁画原来均有南北横向九个画面、九个榜题，上下竖向四个画面、四个榜题，每面墙计有画面三十六个，榜题三十六个，两面山墙计有故事七十二个。

其中，东壁南起第一列由上而下四个榜题为：怒斩雄（凶）涂（徒）、长关宰须、龙分贰虎、桃园结义；第二列由上而下为：打造军器、苏张进马、大破黄金（巾）、平原上任；第三列由上而下：鞭打督邮、三战吕布、梦捉王忠、大战曹兵；第四列由上而下：温酒斩华雄、土山关（观）兵、刀□□□、土山顺说；第五列由上而下：□□□□、

秉烛戴（待）旦、□□关公、怒斩官害；第六列由上而下：□□□□、曹进红袍、曹公进马、曹进善（膳）饲（食）；第七列由上而下：□□□□、许前□□、曹进美女、□马进金；第八列由上而下：□□□□、秦正□书、曹仁下书、立诛文丑；第九列全损不存。

西壁北起第一列由上而下榜题为：廖化献功、东岭关斩孔秀、洛阳关斩韩福孟旦（坦）；泗水关斩卞喜；第二列由上而下榜题为：夜看《春秋》、荥阳关斩王植、黄河渡口斩秦棋（琪）、大战夏侯惇；第三列自上而下榜题为：卧牛山收周仓、古城斩蔡阳、关家庄收（关）平、古城聚义；第四列自上而下榜题为：徐庶走马荐诸葛、三请诸葛、火烧博望坡、白河断水；第五列自上而下榜题为：路截曹操、河梁保驾、华容释曹、义释黄忠；第六列自上而下榜题为：单刀赴会、荆州为王、襄阳关斩夏侯存（惇）、怒斩吕常；第七列自上而下榜题为：大战庞德、水淹七军、怒斩庞德、水淹樊城；第八列自上而下榜题为：刮骨疗毒、大战徐晃、叱诸葛谨（瑾）、玉泉山显圣；第九列自上而下榜题为：西川托梦、神诛吕蒙、神诛潘璋、万历年显圣。

现存东壁壁画因雨水漏淋等原因，北面第一列及第五、六、七、八上面一层的榜题、画面或损毁不存，或漫漶不清，已无从辨识，且起鼓脱落处颇多。西山墙壁画则保存较为完整。

此堂壁画依《三国演义》故事绘制，许多故事共用山峦、河流、建筑等"通景"，上下以流动的云气隔开，左右则以山石、树木相隔。每个故事画面所占面积，因情节、场面不同而不完全等同。榜题以四字一题为主，但又不限于四字，五字、六字、七字等为一题者亦不少。

整堂壁画，刻画细腻，情节生动，场面逼真，主要人物、场景形神并茂，栩栩如生。施色以浅绿、淡蓝、浅灰和白色为主要基调，线条细致、流畅。整个画面给人以如见其人、如临其境之感。其所依粉本或画稿，应与塔院寺伽蓝殿同题材壁画基本相同。

此寺遗存《重修寿宁寺殿宇功德碑》等碑刻，清乾隆年间曾对寺内殿宇进行过较大规模的修葺、重建，此堂壁画应为此次修葺、重建时所绘壁画之遗存。此殿东西两面壁均有后世补色、补绘痕迹，

东壁更为明显。

3. 南山寺极乐寺大雄宝殿
《佛传故事》壁画

南山寺下寺极乐寺大雄宝殿两侧山墙枕梁上部，有清末民初所绘佛传故事五十八幅。其中，左侧山墙上端内壁绘二十九幅，榜题上面第一行由左往右分别为：买花供佛、布发掩泥、上兜率、九龙灌浴、家选饭王、树下诞生、落发贸衣。中间一行由左往右为：林间宴坐、四王献钵、仙人求度、观菩提树、二商奉食、竹园精舍、迦叶求度、弃除祭器、初启出家、船师悔责、佛化无恼。下面一行由左往右是：六年苦行、调伏二仙、佛救婴儿、牧女献糜、车匿辞还、金鼓忏悔、佛化丑儿、度网渔人、老乞遇佛、谈乐□□、说若（苦）佛来。

右侧山墙内壁上部亦绘二十九幅，上面一排由左往右为：瞿昙贵姓、讲演武艺、乘象入胎、游观农务、饭王获梦、天人献衣、天人献草。中间一排由左往右为：悬记法住、嘱分舍利、贫公见佛、救度贼人、采花献佛、度捕猎人、衣救龙难、证明说咒、白狗吠佛、育王起塔、马鸣辞屈。下面一排从左往右为：金刚请食、施衣得记、施食缘起、度拔陀女、姨母求度、佛化卢志、二弟皈依、玉耶受训、杨枝净水、度除粪人、灯燃不灭。

此堂壁画，应当是借鉴明清之际佛传故事常见粉本或画稿绘制。明代僧人宝成编撰的《释氏源流》，曾有诸多版本流传。此外，此堂壁画采用"一事一画，四字一题"的谋篇布局方式，每一单独故事，均用连草或卷云状花纹切割成大小一致的方形画面，故此堂壁画应为模仿或借鉴清光绪十年（1884）创刊而在光绪二十四年（1898）停刊的《点石斋画报》谋篇布局形式绘制，绘制时间当在清末民初。

（六）民国壁画

1. 南山寺佑国寺雷音殿
《善财童子五十三参》壁画

此堂壁画绘于民国初年，内容为《善财童子五十三参》，位于南山寺佑国寺雷音殿两侧山墙之上。由于后世于两侧山墙下塑置十二圆觉诸像，故一部分榜题及画面被遮，现可目击榜题及画面主要有：第一，妙峰山参德云比丘四维不见；第二，诣海门国参海云比丘；第三，楞伽道海岸参善住比丘；第四，达里鼻茶（茶）国城参弥伽人；第五，

417

住林聚落参解脱长者;第六,此阎浮提畔摩利迦罗(国)参海幢比丘;第七,普庄严园参休舍优婆夷;第八,海潮处那罗素国参昆(毗)目瞿沙仙人;第九,伊沙那聚落参胜热婆罗门;第十,师子奋迅城参慈行童女;第十二,名闻国于河渚上参自在(主)童子;第十三,海住城中参具足优婆夷;第十四,大兴城参明智居士;第十五,师子宫城参法宝髻长者;第十六,藤根国普门城参普眼长者;第十七,多罗幢城参无厌足王诏入宫;第十八,妙光城参大光王;第十九,安住王都参不动优婆夷;第二十,都萨罗城中参遍行外道;第二十一,广大国中参优钵罗华长者;第二十二,楼阁大城中参婆施船师商人共论;第二十三,可乐城中参无上胜长者;第二十四,输那国迦林城中参师子频申比丘(尼);第二十五,险难国庄严城中参婆须蜜多女;第二十六,善度城中参鞞瑟胝罗居士;第二十七,洛迦山参观自在菩萨诸菩萨;第二十八,即此空中参正趣菩萨;第二十九,堕罗钵底城参大天神四手取海水;第三十,此摩竭提国菩提场中参安住地神;第三十二,此闾(阎)菩提场内参普德净光主夜神;第三十三,参喜目观察主夜神;第三十四,此众会中参普救众生妙德主夜神;第三十五,此菩萨场中参寂静音海主夜神;第三十六,此菩萨场如来会中参守护城主夜神;第三十七,此佛会中参开敷树华主夜神;第三十九,此阎浮提岚毗尼园中参妙德圆满神;第四十,此迦毗罗城法界讲堂参释众(迦)瞿波女。

此堂壁画绘制,明显吸收了国外壁画绘制的某些构图、刻画、勾线、着色等技巧和方式,如古代埃及壁画"正眼侧脸"画法,人物面部、肢体及衣服饰物的色彩晕染,人物之间的呼应关系,建筑、花草、树木等场景描绘以及场面烘托效果等,使此堂壁画在中外技法、形式的合璧中,更具形象感和场景感,亦具有从清末壁画向民国壁画过渡的鲜明特色。

2. 龙泉寺大雄宝殿
《佛传》壁画

龙泉寺大雄宝殿东、西两山内壁,遗存有绘于民国初年的《佛传》壁画一堂。此堂壁画无榜题,每个故事的画面亦不切割分开,而穿插于整个壁画的山峦原野"通景"之中。此堂壁画所绘《佛传》故事并不多,其中东山墙壁画所绘的故事主要为"九龙灌浴""调伏二仙""二商奉食""仙人求度""船

师悔责"等,西山墙所绘故事主要为"佛化卢志""佛救尼犍""须达见佛""领徒投佛"等。

此堂壁画以浅土黄色为主基调,间以橘红、靛蓝、浅灰诸色,线条简洁明快,人物及山峦、树木等,均采用勾线与晕染相结合的方式予以表现。整个画面布局及描绘,均显得极其平淡、疏朗、朴实和亲切,民国风格浓郁。画面中,一些人物的描绘为"侧颜正眼",显然亦借鉴吸收了古代埃及壁画等某些表现方式。

3. 龙泉寺文殊殿
《五百罗汉》壁画

龙泉寺文殊殿左右山墙内壁,遗存有民国初年所绘《五百罗汉》壁画一堂。所绘罗汉或读经,或论道,或坐禅,或沉思,或祈祷,或喜悦,或默然,或执扇,或持杯,神情、姿态、持物、衣饰等各不相同,各自或立或坐于满壁的山崖洞窟、亭台之中,或漂流于山崖下的激流之中,且每身罗汉上方,均用文字标明此身罗汉的尊号。

此外,左、右壁面中央上方,还绘佛五身。其中,右壁正中上方,绘一双手合十、结跏趺坐佛,上有华盖,二弟子躬身伫立于佛两侧。此佛下绘一亭阁,阁中绘佛一身,头戴五佛冠,双肩敷搭袈裟,袒前胸,右手于膝前作与愿印,左手举肩高作说法印,结跏趺坐于莲台。此佛两侧,各有双手持笏龙王一身,大臣装饰类侍者一身。此佛下方,再绘佛一身,头戴五佛冠,双手结禅定印,结跏趺坐,佛左侧绘韦陀一身,双手合十,臂上金刚杵横置。

此寺左壁正中上方,绘佛两身。其中最上方所绘佛一身,螺发顶严,右手举肩高作说法印,左手于腹前捧钵。佛顶上绘华盖,左右各有一弟子合十躬身而立。左侧弟子外侧,还绘一身双手合十、臂搭横杵韦陀护法一身。此佛下方,绘四柱、三门牌楼,牌楼中门正中绘佛一身,戴五佛冠,长发飘拂于前胸,袒前胸,内着长裙,外裹袈裟,右手结与愿印,左手结说法印,结跏趺坐于莲台。此佛左右,绘众罗汉围绕服侍、跪拜。佛所坐牌楼左上方,绘一猴持棍掏蜂窝,寓义"封侯"。

此寺左右两山壁面山崖下,皆绘滔滔流水,再加上右壁上方所绘佛左右持笏龙王各一身,龙泉寺象征意味明显。

此堂壁画整体上以黑色洞窟、靛蓝色及石青山崖,以及白色及浅蓝溪流为基调,间以诸罗汉容颜

肢体、服饰、持物等浅灰、浅蓝等诸色，线条简洁凝练，人物刻画精细，容貌、身势、衣着、持物等，大都个性鲜明，与明清画风截然不同。整堂壁画有类似套色板画、木刻等独特效果。此外，诸罗汉虽有尊号题款，但却不采用将所题文字用长方形线框围起或色彩突出的方式，而是直接将尊号文字题写于背景画面。所有这些，均反映了民国壁画的变革和多样性。

三、五台山佛教壁画遗产之特色

（一）五台山佛教壁画遗产的第一个特色，是兼有多个历史时期佛教壁画的荟萃性

五台山现存最早壁画，是佛光寺东大殿的唐代棋眼及佛座束腰处壁画，其创作时间可上溯至公元九世纪上半叶之际。此后，经宋、金，历元、明、清，再及民国，五台山所遗存的佛教壁画代代有存，不曾断代。如佛光寺东大殿棋眼间的宋代《千佛图》壁画，岩山寺文殊殿中的金代《佛传》《佛本生》及《鬼子母经变》故事壁画，佛光寺东大殿扇面墙后金元白画《诸佛图》壁画，公主寺大雄殿明代《水陆》壁画，佛光寺文殊殿明代《五百罗汉》壁画，塔院寺伽蓝殿及寿宁寺伽蓝殿清代关公故事壁画，清末民初南山寺极乐寺大雄宝殿《佛传》壁画，以及民国初年南山寺佑国寺雷音殿《善财童子五十三参》壁画，龙泉寺大雄宝殿《佛传》壁画等。在一个地区内，汇集如此众多历史时期所遗存壁画，这在全国为数并不太多。

（二）五台山佛教壁画遗产的第二个特色，是拥有多个历史时期珍稀佛教壁画的独特性

五台山佛光寺东大殿释迦牟尼须弥座后侧束腰处所绘《毗沙门天降魔图》及棋眼间所绘《西方净土变》《卷草图》，为中原地区仅存的数幅唐代壁画，遗产价值不言而喻。尤其是《毗沙门天降魔护法图》，其题材、画风接近唐代佛画名家吴道子所作，但吴道子的画作真迹早已湮没失传，《送子天王图》等亦为后世摹本。故佛光寺东大殿此所遗存唐代壁画甚为珍贵。

岩山寺文殊殿壁画是世所公认的金代壁画的代表或典范。此堂壁画的主要画家为"御前承应画匠"王逵，其壁画绘制技艺应代表金代最高水准。此堂壁画的特色及价值，主要在于：用极为细腻、写实的笔法，不仅生动、形象地描绘出了《佛传》《佛本生》《鬼子母经变》等故事中的诸多人物、情节和场景，还真实

地再现了宋金世俗社会的芸芸众生图像，上至巍峨殿阙中的帝王嫔妃、王侯大臣，酒楼茶舍中的达官贵人、仆从侍女，下及山野乡村的农人牧女、樵夫渔翁，海洋、山路上的商贾船夫、游商脚夫，街店庭院间的妇女幼童、主人妻妾，乃至寺塔兰若中的僧侣，监狱牢屋中的囚徒等等，为后人留下了一份极为丰富、细致的宋金社会各色人等的形象资料。用极为细致、精确的工笔界画笔触，逼真地描绘了宋金时期的众多建筑，大有城池、宫城、城门、正殿、配殿、阙楼、挟屋、抱厦、行廊、斜廊、木塔、砖塔、木榭、酒楼、茶舍、农舍、店铺、寺院、桥梁、堤坝、磨房，小至庑殿顶、重檐歇山顶、单檐歇山顶、攒山顶、硬山顶、兽脊、鸱吻、斗栱、檐口、阑额、彩画、勾栏、月台、露台、门头、窗棂等等，无不具体描画，精细入微，是后人了解宋金建筑，尤其是都城建筑的珍贵形象资料。此堂壁画所绘人物采用细腻、写实的工笔画法，所绘建筑使用精致乃至精准的界画方式，使画面所绘人物及建筑都极为细致入微，形象逼真，跃然壁上，其手法及技艺在中国古代壁画中可谓别具特色，独树一帜。

公主寺大雄殿《水陆》壁画，以用兰叶描为主，兼用铁线描和钉头鼠尾描，使整个线条描绘显得流畅、生动和富有节奏感、韵律感。同时，在人物的刻画上，更注重表现其所属的不同身份、地位、遭际和处境。此堂壁画所绘四百七十余身形象，绝大多数除衣着、饰物等有明显区别外，其相貌神情、形态亦有明显区别，个性化的身份地位、职业行业、境遇遭际、轨迹归宿及悲欢离合、喜怒哀乐，跃然壁上。此堂壁画在山西乃至全国明代《水陆》壁画中，堪称上乘佳作。

南山寺佑国寺雷音殿的《善财童子五十三参》壁画，亦为清末民初壁画中的精品。此堂壁画绘制，在传统线描填色中明显吸收了西方壁画乃至古埃及壁画的某些构图法勾线、着色技术和方式，如每幅画面中人物之间的呼应关系，人物面部及衣饰明暗、立体等关系的色彩晕染，情节或场景中建筑、花草、林木等背景性景物衬托，以及"侧颜正眼"的面部描绘等，使此堂壁画在中外合璧的技法和形式中，更富形象感和场景感，也更为生动和更具感染力，代表着明清佛教壁画向民国壁画的过渡。

（三）五台山佛教壁画遗存的第三个特色，是多宗并存、显密同在、汉梵相融乃至儒释道交织的融合性

如佛光寺东大殿《西方净土变》棋眼壁画所反映的唐代净土信仰及其神祇、观念、思想，此殿佛座束腰处所绘《毗沙门天降魔护法图》壁画，其产生背景是有唐一代于阗等西域佛教与中原的交流及其影响。"台外"公主寺《水陆》壁画，所折射的是明、清之际天台、净土、密教等诸多佛教宗派，乃至儒、道及民间信仰多种思想文化及神祇崇拜的交织和融合。佛光寺文殊殿等处《五百罗汉》壁画的绘制，可以见出入明之后禅宗等宗派的复兴和流行。寿宁寺、塔院寺清代所绘关公故事壁画，既反映了明清之际儒、道信仰与佛教的融合，亦反映了此期民间文学、艺术对佛教造像的影响。

（四）五台山佛教壁画遗产的第四个特色，是与某些文殊信仰、故事传说相关题材内容的先创性和辐射性

五台山远在北朝之际，已是闻名遐迩的文殊道场和文殊信仰中心。到唐代，五台山作为文殊道场的所在地及文殊信仰之中心，其地位和影响发展到了顶峰，不仅在中土首屈一指，举足轻重，而且已蜚声海外，四海景仰。

文殊信仰是大乘佛教的重要组成部分，其源头虽然出于印度佛教，但促进其发展的佛教经典《华严经》的编纂却在西域于阗，而其信仰内容的逐渐丰富、充实及其地位、影响的不断提升，则主要在五台山。因此，五台山亦是文殊信仰相关"像教"的重要原创之地。如卢舍那佛与文殊、普贤组成的"华严三圣"造像，骑狮文殊造像，以及骑狮文殊与于阗王、善财童子组成的"文殊三尊"，"文殊三尊"再加上文殊圣化老人及佛陀波利组成的"文殊五尊"，台山五座台顶分置的"五方文殊"等，其首创之地应均在五台山。

就目前所见遗存及资料，五台山作为古代佛教壁画先创之地和辐射之地的题材内容主要有：

唐龙朔年间由会赜等人奉敕绘制的《五台山图》，此图应为唐五代之际国内外僧侣香客的广泛求取和摹画此题材内容图绘的最主要原创画本。

唐开元年间吴道子在五台山法华寺三门（山门）外所绘《五台山十寺血脉图》，此壁画亦应是唐五代之际外地僧侣香客争相摹绘的画稿之一。

唐仪凤年间，佛陀波利至五台山，受文殊化现老人所嘱，回天竺取回《佛顶尊胜陀罗尼经》至中土后，再次返回五台山，并入金刚窟至今不出的故事，

以及日僧圆仁在《入唐求法巡礼行记》中所记唐"会昌灭法"前五台山竹林寺等处所绘佛陀波利与文殊化现老人于五台山见面壁画，亦是唐五代以降此类题材内容壁画绘制的源头。

五台山金阁寺于唐永泰二年（766）由唐代宗李豫敕建，其寺内"壁檐椽柱无处不画"的《诸曼荼罗》图像，不仅直接取样于印度当时的密教中心那烂陀寺，并由那烂陀寺僧人亲自督造，而且也应是中原地区最早一批引入的印度密教造像样式图案，故中唐之际的五台山亦是中原及中土区域内，印度密教造像（帕拉造像）再次传播、辐射的重要中心。

五台山佛教壁画作为原创地的影响力和辐射性，具有很强的时空跨越深广度。如会赜等所绘《五台山图》不仅迅速在京畿等中原地区，以及敦煌、吐蕃等西域地区"走红"，成为唐、五代之际中土僧侣番客等获取的图本或摹绘的样稿，同时也是唐、宋乃至明清之际，海外入中土求法巡礼僧人求取的样本画稿。《古清凉传》卷下："于是，清凉圣迹，益听京畿，文殊宝化，昭扬道路……广行三辅云。"《旧唐书》卷十七："九月……甲子，吐蕃遣使求《五台山图》。"《入唐求法巡礼行记》卷三："南天竺三藏法达，写取五台山诸灵化传碑等……头陀僧义圆见雇博士……画《五台山化现图》，拟传付日本。"《广清凉传》卷下："释净业……至天会十一年（1133）……遂进《山门圣境图》并《五龙王图》。"直到清道光年间，仍有五台山慈福寺僧人刻绘《五台山圣境全图》，全方位展现清代五台山地区汉藏寺院并存的壮观景象，以及五台山及周边地区的山川地貌、交通道路、朝山僧侣、过往商旅、善男信女，乃至店铺、作场、民居等。此图绘制完成后，亦广为流传，其时还有印度僧人至五台山时，将此图取回印度，此图现在美国国会图书馆亦有收藏。

作者简介：崔元和，教授、编审、研究员，曾任山西人民出版社社长兼总编辑，山西出版传媒集团副总经理，太原理工大学艺术学院彩塑壁画遗产研究所常务副所长、教授，五台山研究会副会长等职。主要从事寺观造像文化遗产研究，曾主持和参加"五台山佛教造像遗产整理研究""平遥寺观造像遗产学术整理研究""山西国保级寺观彩塑壁画遗产资源调查与学术整理""云南剑川石钟山石窟造像整理研究"等多项课题项目。

五台山寺庙壁画本土化审美趋向探究

□李玉福

一、五台山寺庙壁画题材中儒家思想的繁荣

现存五台山寺庙壁画主要包含三类：水陆法会壁画，此类以南禅寺元代壁画、公主寺文殊殿明代壁画、下小冶寺清代壁画（明绘清代重绘）、三圣寺清代壁画、海会庵民国壁画等为典型。第二类是佛传故事及本生故事等绘画，此类以佛光寺东大殿唐宋壁画、岩山寺金代壁画、佛光寺文殊殿明代壁画、兰若寺明代壁画、南山寺清代壁画等为主。第三类是本土信仰的综合类壁画，此类以公主寺关帝殿清代壁画、天齐庙清代壁画、定襄关帝庙清代壁画及各村落中的龙王庙壁画等为代表。从现存图像层面来看，以上三类绘画均不同程度体现了儒家思想逐渐繁荣的本土化创作倾向。

水陆法会壁画是五台山现存寺庙壁画中最常见的佛教经典题材。公主寺大雄殿明代水陆法会壁画是其中的代表作。据寺内题记记载，壁画绘于明代早期，依据是北水陆仪轨——《天地冥阳水陆仪文》（国家图书馆馆藏本，《天地冥阳水陆仪文》标明其为山西太原各寺庙举行水陆法会而专门定制的）。公主寺地处太原以北，可以推知其壁画依据为北水陆仪轨——《天地冥阳水陆仪文》。壁画绘制精美且保存相对完好，在整个北方地区的现存水陆壁画中具有典范意义。东西两壁是画面的主体，画面采用主尊佛居中，四大菩萨分布左右，然后是众神祇两侧环绕的形式而展开。所绘主尊高大突出，显于画面，侍者谦恭顺从隐于画里，俨然一副等级森严的儒家官家场面，整个场景人物众多，场面宏阔，主次分明，井然有序，画面巧妙地将儒释道融为一体。壁画中绝大多数榜题人物和《天地冥阳水陆仪文》中的仪轨相吻合。如进一步考证会明显发现，公主寺壁画中出现了《天地冥阳水陆仪文》仪轨中所没有的神祇：崇宁护国真君、天妃圣母、清源妙道真君、五瘟使者、三灵侯圣众、毗迦女众等。以上所加神祇几乎都为儒家所推崇的对象。崇宁护国真君是指三国时期的蜀国名将关羽。生前忠义勇猛，为百姓称道、受官方推崇，故为佛家吸收为伽蓝神：大宋崇宁元年（1102）封为"忠惠公"，崇宁三年又被尊为"崇宁真君"。其后历代皇帝对其均有封赏，关羽也自然成为民间妇幼皆知的崇拜对象。正如（清）赵翼所言："对关帝的崇拜，今且南极领表，北极寒垣，凡儿童妇女，未有不震其威灵者。香火之盛，将与天地不朽。"[1]壁画中关公形象突出，通体红袍罩身，这一处理方式与画中文殊菩萨的处理方式如出一辙，炫目的朱红色将人物成功地从画壁中凸显出来。服饰细节均采用沥粉贴金，刻画精细，尽显主位至尊，可见关公在五台山民众心目中的地位。

关于清源妙道真君的信仰，随朝代的更替众说不一。近年来，学术界普遍认同张政烺先生的观点："民间二郎神信仰其实是将李冰父子、赵昱、张仙、杨戬等有功之臣合而为一而形成的。"[2]据《三教源流搜神大全》记载，赵昱斩蛟除水害，宋真宗时追封其为"清源妙道真君"[3]。随着朝代更迭，近代民间又将大家喜闻乐见的杨戬作为二郎神加以供奉。清源妙道真君的信仰反映了五台山地区民间对"理家、治国、平天下"儒家所推崇的国之栋梁的向往。

天妃圣母的信仰南北皆盛。天妃又称天后、天后圣母、天妃娘娘。我国东南沿海一带尊称为海之神或妈祖，为国家祀典神之一。宋以来历代帝王均有褒封。朱棣皇帝感于郑和下西洋屡次得圣母的庇佑，亲自撰写了699字的碑文。"在明代永乐年间，永乐帝还亲自写了《南京弘仁普济天妃宫碑文》，并敕命在湄洲、长乐、南京以及北京建立天妃庙。"[4]公主寺壁画大胆将天妃圣母请于墙上，从侧面反映了官方（儒家）对天妃圣母的推崇。至于三灵侯圣众的内容，说法不一。公主寺壁画中的三灵侯圣众和《绘图三教搜神大全》中所绘相仿。"三灵侯为周厉王的谏官，唐宏、葛雍、周斌三人，是扶助周王朝之功臣。后宋真宗封岱岳至天门，忽见三仙自空而下

护卫御驾，因封唐宏字文明孚灵侯，葛雍字文度威灵侯，周斌字文刚浹灵侯。"[5]三灵侯位于东壁左侧，绘三主二仆二童子。主尊束发灵冠，手持笏板，皆文官打扮。其后紧跟两仆人，前面仆人其后背一童子，后一仆人肩上坐一童子。前后童子皆作交流状，形象生动可爱。就绘制图像而言，公主寺壁画中的三灵侯圣众和《绘图三教搜神大全（外二种）》的三灵侯圣众皆出现了二童子形象。

公主寺大雄殿壁画形象地绘制了《天地冥阳水陆仪文》仪轨中没有记载的部分神祇，生动地再现了关公的忠义、清源妙道真君的勇敢、天妃圣母的庇佑、三灵侯的辅佐等儒家所推崇的献身精神，丰富了《天地冥阳水陆仪文》的表现内容，同时从侧面反映了五台山寺庙壁画审美本土化的历史进程。同样，在公主寺南墙东西两侧绘制的与《天地冥阳水陆仪文》仪轨相吻合的往古人伦的场景，也充满了儒学理念。南壁两侧生动地再现了大明初期的社会现实状况。画面几乎囊括了世间各行业：饱学儒雅的学士、辛勤劳作的平民、日夜奔波的商人、淡定传法的僧人及受因果报应各种受难者的惨状等场景。画面成功地塑造了守法者安康生活，违规者横遭祸害的场景。画面处处宣扬了"成教化，助人伦"的儒家理念。另外，岩山寺文殊殿壁画所流露出的儒家理念也较为明显。比如"瑞应"思想的流露。历代帝王皆推崇"天命观""天人合一"的瑞应思想。一般认为如果圣君主政，天下升平，上天自会感激，即降瑞以应之。在文殊殿西壁太子诞生瑞应情节中，画家王逵共安排了4幅，占整个佛传故事绘画的三分之一。其中最为典型的是太子出生时"九龙灌顶"的情节。形质高古的九条巨龙腾于空中，以扇形状排开。巨龙后方则是光芒万丈的祥光。九条巨龙喷出的水流同指一个方向，集流成线，大有飞流直下三千尺之气势，而这一集流恰好指向释迦尊者的头顶，瞬间主题明朗。画面情境波澜壮阔，可见作者的良苦用心。无独有偶，后面的耶输陀罗公主"焚香发愿""净饭王礼佛"等故事情节，均生动再现了夫妻有情、君臣有义、父子有恩的儒家主张。

二、注重世俗审美的创作倾向

五台山寺庙壁画本土化现象，另一方面便是体现了注重世俗审美的创作倾向。

（一）绘画图式及题材的进一步丰富

绘画图式大量出现了以山水及宫廷建筑为主体的经营特征，岩山寺文殊殿金代壁画是其中的代表。"岩山寺文殊殿金代壁画则秉承宋代院体画风，笔致工整，气韵生动。"[6]岩山寺文殊殿宽5间，进深3间，前后设门，可以从中间穿过。四壁皆存壁画，总面积为134.42平方米。现存绘画损伤较为严重，即使这样，熠熠生辉的精美画面仍能撼人双眼。文殊殿壁画一改过去传统的以硕大佛祖为中心的单调模式，文殊殿壁画的绘画主体则是人们喜闻乐见的宫殿建筑为主。壁画的作者是金代宫廷画家王逵，画于大定七年（1167）。东西两壁是画面的主体，西壁以一组完整的宫廷建筑为中心，宫廷建筑在画面中明显起到了支撑画面的骨架作用：古树朴茂，山泉流淌，佛传故事穿插其间，各种人物形象穿插于亭台楼阁之间，远望宛如一幅绝妙的社会风俗画。东壁的绘制也选用了一组宫殿群为背景，绘画主题为佛本生故事等情节。画面以一组宫廷建筑为主景而展开。其构图与西壁有异曲同工之妙。东壁除华丽的宫廷建筑外，又出现了大量的山水（特别是青绿山水）、花鸟等内容。图中所绘建筑同宋史记载的极为相似：宋代范成大《揽辔录》载："（应天门外）两廊屋脊皆覆以青琉璃瓦，宫阙门户及纯用之。"同样，宋代楼钥《北行日录》中也说："（大安殿）后有数殿，以黄琉璃瓦结盖，号为金殿。"文殊殿中的建筑绘画，皆可以从宋代史籍记载中找到其影子，可见其建筑绘画的写实程度，画面中的山水部分已非简单意义上的衬景，早已与画面人物水乳交融，并从视觉图式上起到了支撑作用。

金元以后，明清五台山地区的壁画融入山水、界画的创作模式更为流行。如：五台山南山寺的佛传故事壁画，其构图以连环画的形式出现，每一幅画面都是相对独立的，而且每一幅画面均以山水为背景来处理，人物和山水融为一体，相得益彰。五台山金阁寺大雄宝殿的《五百罗汉图》则更显创意：整幅壁画以大片山水为主体，间以华茂树木，祥云流水。其间的山水描绘已由云蒸霞蔚的仙界之境变为追求写实精神的世俗情怀。图中山石的表现，阴阳向背明朗清晰，清泉皆依山石而转，丛草敦实朴茂，多是北方特有的植被。众罗汉的绘制追求个性，力避雷同，特别是近景，老百姓喜闻乐见的降龙罗汉、伏虎罗汉的刻画更为生动传神。受西洋绘画的影响其，面部表情注重立体感的表现，壁画上方大胆以青蓝平涂，色彩更显新意。众罗汉有聚有散，穿插于山水间，世人所向往天人合一的审美理想映入眼帘。五台山壁画图式及题材的进一步丰富，客观上拉近了观者与画面的距离。

（二）壁画中大量世俗场景的出现

岩山寺文殊院西壁绘制了大量的世俗场景，其中《酒楼市井图》尤为精彩。画面再现了北宋都市世俗生活的一角。图像高约131厘米，宽约174厘米。画面采用俯视及散点透视处理画面，使得街景、酒楼、行人尽收眼底。《酒楼市井图》共绘41人，楼上11人，街上30人，人物描绘以钉头鼠尾皴为主，笔法明朗，顿挫有力。酒楼建于护城河上，面宽进深各一间，吻兽、滴水等辅件皆沥粉贴金，极具浮雕感。楼前即为市井繁荣场景：商铺邻街而建，参差不齐。路上字号、招牌随风飘荡，商贩云集，行人如织，同史书记载的北宋"侵街"现象吻合。北宋以来，随着商品经济的繁荣，人口急增，"侵街"现象愈演愈烈。开宝九年（976）五月，宋太祖"宴从臣于节园，还经通利坊，以道狭，撤侵街民舍益之"。[7]至景祐元年（1034），"诏东京旧城内侵街民舍在表柱外者，皆毁撤之，遣入内押班岑守素与开封府一员专其事"。[8]可见当时宋代都城侵街的严重。《酒楼市井图》流露出了作者洞察社会万象的过人能力。楼上贵宾满座，边品酒边观唱。宾客对面是击鼓演唱的妙龄女子：神情专注，动作优雅。其侧面是一回首击拍伴奏的男子，二者相互照应、配合默契。在座嘉宾仪态安闲，悠然自得，似乎完全为剧中情节所动。说唱者背后是另外三位凭栏观看街景的客人。其中一位虽身朝街景，但头还是转向说唱者，可见川流不息的街景仍抵不过说唱者的精彩。《酒楼市井图》中对"煥糟"有着传神的表现。图中的"煥糟"处于酒桌的左上方（桌口的位置），身穿合宜的对襟衣，危髻高梳，髻上以金花装饰，身体轻盈，装束有致，略微前倾，正笑容满面地为客人倒酒。这一情景与《东京梦华录》的记录相吻合："更有街坊妇人，腰系青花手巾，绾危髻，为酒客换汤斟酒，俗谓之煥糟。"[9]"煥糟"女子左首站立一男子，身穿无袖灰长衫（因壁画年久，色彩已分辨不清），神情恭敬，等待客人点菜。宋金时期称专为客人点菜上菜的服务员为"行菜"。这与《东京梦华录·食店》（卷四）记载"行菜"者相吻合。另外酒楼中的酒旗特别显眼，酒旗斜插于酒楼南门外檐，白底黑字上书"野花攒地出，村酒透瓶香"，格外醒目。酒旗诗意雅致醇厚，颇具文人情趣：此广告语突出了一个"藏"字。"野花攒地出"引出乡野之自然气息（国人崇尚融入自然，天人合一的审美理想），"村酒透瓶香"中的"透"字，生动准确地绘制了美酒醇香醉人的动态过程。野花之芳馨与酒之香甜相呼应，使人更觉美酒之味美。相比较《清明上河图》中的"孙羊正店"酒旗，岩山寺壁画中的酒旗更显阔气，也更具商业气息。一是岩山寺壁画中"侵街""煥糟""行菜""酒旗"等场景的生动描绘与史书记录相吻合，酒楼中的人物及道具的表现颇具写实色彩，真实再现了史书记载的当时的社会情境，反映了岩山寺文殊殿壁画的崇尚写实的创作倾向。二是"侵街"等现象在岩山寺壁画中独立成幅地出现，同时凸显了佛教美术在五台山地区世俗化的程度。

（三）人物及景物的塑造注重写实，渐趋世俗化

1. 人物塑造以现实中的人物形象为依据。岩山寺文殊殿壁画除主尊佛祖、菩萨紧依古法外，其他人物的造型则更显人间世俗气息。位于文殊殿东壁左上方的《农夫赶驴图》，场景生动有趣，行走中的农夫怀抱器物（估计是珍爱之物，所以农夫不舍得放在驴背之上），脚步疾驰，紧跟毛驴之后。前方毛驴背驮箩筐，负重行于崎岖的山路之上。图中所绘农夫、毛驴均体现了北方的农耕生活习惯。农夫头戴斗笠，身穿粗布紧衣，看上去敦厚淳朴，是典型的北方农人打扮；图中负重前行的毛驴是五台山地区的主要交通和农耕工具，壁画中这一特写镜头具有写实精神，生动感人。峰回路转，山路崎岖，作者采用工笔重彩的形式表现。农夫跟前的山石部分皆以山石原本面貌出现，阴阳向背，层次分明。特别是遮挡农夫腰腿部分的石头，可谓描绘得玲珑剔透，生动自然，毫无概念之感；近处杂树笔笔写出，均以双勾为主，工谨中流露着骨法用笔的风神。作者以特写的方式生动再现了这一北国农村风情。另外，西壁左下侧的《宫女小憩》，绘制传神感人：此图描绘了后宫侍女因日夜辛苦劳作，体力明显不支，或是枕箪篋而卧、或是抱鼓而睡、或是干脆倚着柱子就睡着了，更有甚者，为避免打扰，干脆钻到桌子下面——后宫困倦的千姿百态跃然纸上。

2. 人物塑造明显趋向装饰性风格。公主寺壁画南壁往古人伦的表现明显：百姓率真、官员闲雅、士卒谨严、商旅奔忙，众人物神态不同，服饰有别。百姓服饰多是宽衣粗布，颜色以灰暗色为主，贵族官员则锦衣长袍，色彩明显，趋向沉稳靓丽。同时画面上还出现了大量的北方特有的土房院落及北方人特有的服饰装束。例如：画面上明显出现了胡人经常穿戴的毛皮等服饰。画面真实再现了北方多民族相互杂居、相互往来的社会融合现象。北壁的《六子闹弥勒》中的六童子，形象生动传神，画师秉承了传统的绘画精髓，用笔讲究，起承转合皆依古法，行笔流畅，突出书写笔意。人物刻画讲究写实色彩，整幅人物形象和史书记载的明代特征相吻合。无论是其服饰，还是绘画风格，均与明代流行的卷轴画有着众多的吻合之处。繁峙大李牛东文殊寺壁画世俗化创作倾向则体现得更为明显。殿中东西南北四壁皆存绘画，壁画以水陆形式展开。通幅壁画排列有序：每幅壁画之间以精美的装饰框将上下前后的场景相分割，分割面积皆依人物多少自然呈现，大小不等分布，这样就成功地避免了画面过于整齐的板滞。人物刻画趋向夸张：人物整体比例头大身短；笔法高古，虽讲究随形运笔，但和前代比较，运笔更追求富有形式感的装饰效果；用色适宜，讲究朴厚效果，明显有渲染的痕迹，其画风明显受明代崇尚装饰画风卷轴画的影响。

3. 人物面部表现注重写真，普遍运用了强调凹凸感的色彩渲染法，画面流露出追求写实的创作倾向。繁峙三圣寺地藏殿清代壁画表现明显：殿内十殿阎王及其属下面部刻画造型夸张，尊卑明显，和前代比较，明显突出了晕染技法。壁画侧重于头部和服饰的表现，头部表现注重层层渲染，工谨细腻，骨点明确，结构明朗，富有体感。五台山地区明清壁画越来越趋向写实风格，画风明显受民间崇尚写真术的影响。

三、民间信仰的繁荣

明清以来，五台山地区随着文殊信仰的兴盛，其本土信仰日趋昌盛。多数寺庙供奉佛祖的同时，供奉本地信仰的习俗日益普遍。五台山本土信仰趋向体现着明显的世俗性和功利性特征。

（一）以勇、忠、义为中心的信仰

历代帝王推崇以关公为代表的崇尚勇、忠、义

的儒家思想。同山西其他寺庙一样，五台山地区的寺庙除供奉佛祖主尊外，同时供奉关帝的现象越来越普遍。五台山现存供奉关帝的代表寺庙有：繁峙公主寺关帝殿、繁峙大李牛文殊寺西寺关帝殿、定襄阎徐庄关帝庙、定襄崔家庄关帝庙等。繁峙公主村关帝殿位于公主寺东院内，殿内壁画保存完整，是五台山地区关公绘画题材的代表之作（由于寺内明代的水陆壁画早已闻名于世，所以世人很少关注它）。关帝殿建于清康熙三十二年（1693），大殿面阔三间，属砖木结构的硬山顶建筑。殿内中央完好，保存了关公及其侍从周仓、关平的雕塑，东西两侧分立仪仗器械。殿内四壁皆存绘画，壁画以连环画的形式展开，其中主要反映关公生平的壁画分布于北、东、西三壁，共绘72幅，每幅均宽93厘米，长86厘米。其中，北壁现存12幅，东西各6幅，东墙30幅，西墙30幅。从北壁东侧向西的榜题依次为：庐墓终丧、隐居训字、回途遇相、诣郡陈言、悯冤除豪、避难至涿……荆州为王、辱使绝婚、玉泉显圣、神诛潘璋。暖阁外则绘制了三国故事中象征忠义和常胜的黄忠、赵云两位将军。关公殿壁画以脍炙人口的《三国志》为题材。内容丰富，通俗易懂，极具故事性。在不足1平方米的空间里，作者巧妙地展示了一个个丰富的故事情节：人物绘制工整，双钩填色，面部刻画精细，渲染明显，表现出了很强的体积感。人物衬景部分的表现，选取了多以山川、树木、建筑等为主体的小写意的创作手法，风格样式同明清流行的卷轴画的表现形式接近。整个画面选取以表现儒家所倡导的关公的忠、孝、义精神为中心展开，精彩全面地描绘了关公这位文武双全的英雄形象。五台山地区处于兵家必争的战略要地，历代战乱不断，当地百姓深受其苦，渴望安居乐业，当地人自然将关公信仰等同于文殊信仰，祈望借助关公的神力（关公的勇、孝、忠、义精神是世代民众的精神寄托），保佑一方平安。另一方面，随着关公形象的深入民心，民众更希望以关公的事迹训导后人。关公以其过人的文韬武略为历代帝王所推崇，逐渐成为了民众心目中儒家所倡导的精神代表，民众希望自己的后人能有所作为，自然会视关公为楷模以教导后人。

（二）以祈福为中心的信仰

五台山地区处于历代兵家必争的北方少雨之地，

当地民众信仰泰山神、龙王、送子娘娘、马王及财神等神众，崇尚祈福。特别是泰山神的崇拜，更显民众心声。在老百姓的心目中，泰山神神通广大，素有"兴云致雨，发生万物；通达天庭，固国安民；统领鬼魂，决人贵贱；延年益寿，长生成仙"[10]的神力。五台山现存泰山神信仰以繁峙天齐庙为代表。天齐庙位于繁峙县繁城镇作头村，壁画现存于正殿和东西配殿内，合计面积110平方米。正殿（东岳殿）的东西两壁上方左右对称绘制了《东岳大帝出巡图》，东西两壁中下方主要绘制了水墨民间故事，北壁则左右对称地绘制了《十二音绘图》。其中民间故事采用了水墨小写意的形式，《东岳大帝出巡图》和《十二音绘图》则采用了工笔重彩的形式表现。其中在单色水墨民间故事的映衬下，《东岳大帝出巡图》色彩更显靓丽，场景更显宏大。可见当地民众渴望泰山神能够及时赐福的心情。由于五台山地区地处北方，全年干旱少雨，一年中的降水量决定了农民的收成，当地人自然更为普遍地寄希望于龙王身上，希望其能及时呼风唤雨，造福于民。一到祈雨季节，民众便会自觉聚集在龙王庙周边，由五台山上高僧来主持，举行声势浩大的祈雨法会。所以相比较泰山神的信仰，龙王信仰在五台山地区更为流行。五台山地区现存龙王殿壁画以繁峙公主寺龙王殿为代表，殿内梁架上的题记为大明嘉靖二年（1523）建成。据考察，殿内壁画没有重绘痕迹，应为明代原作。现存东西北壁皆存壁画，南壁有明清及民国间的祈雨题记。壁画内容为龙王出行、祈雨及水晶宫等场面，画面气势宏大。由于年代久远，画面脱落，大面积变色，损毁严重。尽管这样，从现存为数不多的相对完整的画面上，仍然彰显作者用线的果敢、用色的大胆和画面经营的过人之处。公主村龙王殿无疑是现存龙王信仰的经典力作。另外送子娘娘、马王、财神等神祇的信仰在五台山地区多在寺庙的偏殿供奉或单独供奉，一般规模较小，同清中叶后五台山地区的寺庙中普遍出现戏台一样，标志着五台山地区佛教信仰的进一步世俗化和泛化。

参考文献：

[1] 刘仲宇. 中国民间信仰与道教 [M]. 台北：东大图书出版社，2003.

[2] 张政烺. 封神演义漫谈 [J]. 世界宗教研究, 1982(4).

[3] 绘图三教源流搜神大全（外二种）. 上海：上海古籍出版社，1990.

[4] 王素芳、石永士. 毗卢寺壁画世界 [M]. 石家庄：河北教育出版社，2002.

[5] 李玉福. 论五台山寺庙壁画的审美承载 [J]. 名作欣赏，2015（1）.

[6][7][8] 李焘. 资治通鉴长篇（卷12）[M]. 上海：上海古籍出版社，1985.

[9] 东京梦华录（卷2）. 饮食果子，北京：中国商业出版社，1982.

[10] 范恩君. 泰山神信仰探微 [J]. 中国道教，2004（1）.

基金项目：国家民委研究项目"我国古代壁画中的民族融合图像资料整理与研究"（2019-GMD-046），山东理工大学本科教学实验项目"经典壁画进课堂的工笔重彩教学案例研究"，山西省教育厅高等学校改革创新项目"五台山地域特色壁画专业人才培养体系建设研究"（J2017108）阶段性成果。

作者简介：李玉福，山东临邑人，山东理工大学美术学院教授，研究方向为中国古代壁画艺术、中国画理论与技法。

论五台山寺庙壁画的审美承载

□ 李玉福

五台山现存寺庙壁画艺术历史悠久，跨越时间长，分布相对集中，遗存壁画涵盖了唐、宋、金、元、明、清、民国各朝代。五台山跨五台、繁峙、代县、阜平四县。现存完好的寺观壁画多集中在五台、繁峙两地。其中最为著名的有：五台山佛光寺东大殿的唐代壁画、五台山佛光寺东大殿的宋代壁画、繁峙岩山寺金代壁画、南禅寺西配殿的元代壁画、繁峙公主寺明代壁画、五台山佛光寺文殊殿的明代壁画、五台山南山寺明代壁画、虎阳岭村大王庙清代关羽故事壁画15幅、国都殿村清代关羽壁画15幅、龙泉寺文殊殿民国年间绘的五百罗汉过江壁画等。

佛光寺位于五台山南台外围的佛光山中，依山而建，坐东朝西，创建于北魏孝文帝时期（471—499），后毁于"会昌灭法"中。唐大中十一年（857）于旧址重建，现存东大殿就是唐建构的遗址。敦煌莫高窟第61窟所绘《五台山图》就留有大佛光寺的图像。更为可贵的是，殿内保存了内地寺观壁画唯一的唐画孤本，壁画内容以佛、菩萨、天王等为中心的宗教题材。前槽北次间画面构图分为三组：中心为"西方三圣"，弥陀佛居中，两侧为观音和大势至菩萨；左右两组以文殊、普贤二菩萨为中心，旁有胁侍菩萨、天王、飞天相伴。其画风近于敦煌石窟的唐代壁画。"这幅壁画画法劲秀，笔力流畅，与甘肃敦煌莫高窟唐代壁画极为相似。"[1] 1964年在拆除堵塞的泥墙时发现了另一幅唐代壁画，壁画位于明间佛座背面，长80厘米，高30厘米，绘天王降服妖魔之景。因为特殊的避光保存条件，画面虽逾千年，然色泽如新，可与敦煌石窟的壁画相媲美。画面用笔磊落豪放、薄施淡彩，生动地体现了唐画"焦墨淡彩"的绘画之风。殿内现存宋代壁画则绘七个圆光，每个圆光画十尊佛像，题款为"宣和四年"，壁画设色以青绿为主，格调雅致，尽显宋画之美。北侧的文殊殿，坐北向南，金天会十五年（1137）重建。殿内留有保存相对完整的明宣德五年（1430）

绘制的五百罗汉图。全幅画面人物众多，设色明丽，刻画栩栩如生，是现存明代壁画中的精品。

岩山寺原名灵岩院，创建于宋元丰至金正隆年间（1078—1161），文殊殿现存壁画为金代遗物，据寺内碑文和壁上题字可知：壁画是由王逵等人于金大定七年（1167）绘制完成的。殿内四壁皆有绘画，面积达98平方米。画风秉承宋代院体风格，内容丰富，绘制精美。壁画内容以佛传故事、本生故事和经变故事为主。西壁描绘了释迦牟尼一生的传记。画面以宫廷建筑为中心，将释迦牟尼诞生、出游到成佛的种种情节巧妙地穿插其中，其中描绘当时社会各阶层民众衣食住行的种种生存状况，可谓刻画入微，逼真传神，充满了浓浓的生活气息，东壁除佛、菩萨外，多为经变和本生故事，画面以佛祖为中心，采用通景式构图：鬼子母住所、波罗奈国王宫、海水龙王宫相互交融，再加上穿插其中的神众，画面越发显得丰富多彩，波澜壮阔；北侧西隅绘五百商人航海行舟遇难的故事，北壁东隅则绘七层高塔一座；南壁损毁严重，仅留东梢间有画，上为殿阁楼台，中为释迦二弟子和二胁侍菩萨，下为供养人像。岩山寺壁画作者王逵等人伏壁十年，巧妙地将天上人间、宫廷市井合于一壁。画面包罗万象、内容丰富，是我们研究宋金艺术、社会、宗教、民俗等方面的宝贵资料。

五台山寺庙壁画明清两代遗留下来的相对较多，特别是繁峙公主寺明代壁画被学术界公认为是现存明代壁画中难得的珍品。明代古刹公主寺坐落于繁峙县城东南十五公里的公主村。因北魏诚信公主曾在此出家，故名公主寺。寺庙坐北朝南，据殿内脊板下侧题记记载，为明弘治十六年（1503）建，殿内塑像和壁画保存完好。壁画总面积达99平方米。大佛殿内容为仙佛鬼怪及历史亡灵朝拜佛尊的水陆画。东西两壁中央分别绘弥勒佛和卢舍那佛，众菩萨、天王、罗汉、金刚及道教诸神祇布于四周。人物众多，场面宏大，北壁绘有十大明王护法驱邪，南壁绘历史人物和死者亡魂像及地府阎罗。作者以超人的智慧和大胆的创意，成功地将470身形象合于一壁，众神祗皆因所处环境不同而呈现出不同的精神气质，或肃穆，或庄严，或祥和，或洒脱，或谦恭，或狰狞。整幅壁画设色以红绿补色为主调，中间加以白黄作为调和，流露着浓浓的装饰意味。

佛教圣地五台山坐落于中国北方连绵不绝的群山之中。五台山又名清凉山、台山、五峰，为中国佛教四大道场之首。五台山历史文化悠久，其佛教美术更是博大精深、影响深远。例如，山西现存唐五代寺庙有六处：五台山唐建南禅寺大殿、五台山唐建佛光寺东大殿、平顺唐建天台庵大殿、平顺五代建龙门寺西大殿、平顺五代建大云院弥陀殿、平遥五代建镇国寺万佛殿。其中五台山就有两处唐代建筑，同其他现存唐五代时期的乡村小庙相比，伟岸雄壮的五台山佛光寺更显独特的艺术价值。另外，据《敦煌莫高窟供养人题记》《敦煌莫高窟内容综述题记》统计，敦煌莫高窟中绘五台山图的洞窟有11个，分别从不同侧面描述了文殊菩萨和五台山的神异圣迹。特别是第61窟《五台山图》中出现了墨框文字"大佛光寺"，可见其影响之大。在这片佛光灵迹的厚土上，来自印度的佛教艺术、中原的佛教艺术、西域的佛教艺术和后来的藏传佛教艺术相互融合、发展，逐渐形成了五台山佛教艺术的区域特征。其中包罗万象的寺庙壁画更是其艺术珍藏中的瑰宝。

五台山寺庙壁画美学价值深厚，气韵生动的画面流露着佛教美术特有的审美取向：注重绘塑合一、画面意境和绘画本身艺术性的营造。五台山以其深厚的历史积淀铸就了博大精深的佛教文化。特别是其丰富多彩的寺庙壁画艺术更显珍贵。从现存的唐、宋、金、明、清的壁画艺术来看，历代画家呕心沥血、苦心经营，构图、内容、笔墨、造型、设色等方面，皆有独到之处，五台山寺庙壁画独特的美学价值引起了众多中外学者的关注。五台山寺庙壁画在创作过程中皆自觉运用了绘塑相合的理念，壁画创作皆呼应了殿内的雕塑，使雕塑和绘画融为一体，做到了无论观者从哪个角度观看，都能产生悦目之感。为了拓展画面的意境，五台山寺庙壁画创作了多种多样的构图形式，最为典型的是岩山寺金代壁

画的构图。作者王逵等人匠心独运，变以往对称、单一的平铺式构图为以建筑为中心的全景式构图方式。高大突起的建筑群撑起了整幅壁画的骨架，建筑的关键处大面积施以沥粉贴金，通幅画作更显富丽堂皇的高贵气息。远山近树、仙神信众穿插其间。画面追求层层遮挡又层层精妙，使画面的主要人物自然蒙上了一层神秘面纱。整幅壁画流露着温和隽美的宫廷绘画之风。正所谓："骨架图形越简单，其显示的性格就越清楚明确，其发挥出的艺术效能就越发强烈彻底。反之，骨架图形距基本元素越远，形状越复杂，其显示出的性格就越含蓄微妙，其发挥出的艺术效能就越温和隽永。"[2] 壁画内容安排上，作者大胆借鉴了宋代卷轴画经验，正如柴泽俊先生所言："画面布局精巧，人物生动，设色妍雅，画工精细，其画韵和风格不同于一般的寺观壁画，而与宋金卷轴画有些近似。"[3] 画面采用了"异时同图"[4]的绘画方式。"异时同图"，即在一张画面上描绘不同时间、地点的若干场景。岩山寺文殊殿壁画多是运用多重空间来表现时间流变的。西壁巧妙地将摩耶夫人梦祥受胎、腋下诞子、太子沐浴、太子中年修行、牧女献乳等释迦牟尼一生的故事绘于一壁。作者注重经营在相对狭小的空间内将佛一生的故事描绘得真切而生动，使壁前的观者不用移步就能获得佛尊的丰富信息。东壁绘鬼子母故事：鬼子母龙宫赴宴、龙王迎鬼子母、宫中乐舞、驮行深山和戏婴等场景。作者巧妙地将天上人间、宫廷市井安排在一壁之内，画面故事情节多变、瑰丽动人、和谐自然。公主寺大佛殿明代壁画作者更是独具匠心，大胆地将仙佛鬼神绘于一壁，使儒释道三教融为一体。大殿合计神众470身，东西两壁各166身，南壁两次间各61身，北壁16身，作者以过人的想象力和创造力将多个相对独立的时空个体贯穿在一起，成功地营造了一个民众心目中理想的佛国圣境。五台山寺庙壁画绘制技法多样，画面注重传统的骨法用笔，注重线造型的"十八描（具体指：高古游丝描、铁线描、琴弦描、行云流水描、蚂蟥描、钉头鼠尾描、混描、撅头描、曹衣出水描、折芦描、橄榄描、枣核描、柳叶描、兰叶描、战笔水纹描、减笔描、柴笔描、蚯蚓描）"[5]。佛光寺东大殿佛座背面的唐代壁画用线劲挺流畅。线以兰叶描、钉头鼠尾描为主，分朱、墨、绿三色。人物丰满圆润，

淡彩设色，典雅古朴，尽显"焦墨淡彩"的晚唐风韵。岩山寺文殊殿金代壁画则秉承宋代院体画风，笔致工细、气韵生动。纵观东西两壁，佛、菩萨、弟子和宫女的衣纹主要以铁线描、曹衣出水描为主，使菩萨的凝重、威严，侍女的恭谨、顺从体现得惟妙惟肖；天王、力士、民众和童子的衣饰则以折芦描、钉头鼠尾描为主。在这里，作者更多地强调骨法用笔，画面追求运笔的轻重缓急、提按顿挫，墨色的干湿浓淡，线条组合的疏密繁简等，使画面变化丰富，意趣横生。正如清代恽寿平所云："气韵自然、虚实相生——今人用心在有笔墨处，古人用心在无笔墨处，倘然于笔墨不到处观古人用心。"[6] 岩山寺文殊院金代壁画使以书入画的美学特征得到了尽善尽美的表达，生动地再现了力士的威猛、官吏的傲慢、儿童的天真、民众的淳朴——社会万象被作者描绘得活灵活现、栩栩如生。公主寺壁画则继承了前代壁画酣畅淋漓、气势宏伟的绘画趋向，为突出道释神像的庄严、肃穆，以铁线描、捻子画为主，而为强调民间信众的多样变化，则以钉头鼠尾描为主。五台山寺庙壁画的设色可谓雅俗共存，一类追求雅致，以岩山寺文殊院壁画为例。文殊院壁画秉承卷轴画风格，以青绿色为主调，间以石黄、赭石、朱砂、雄黄点缀其间。整幅壁画弥散着一种沉着古雅

的格调。前引柴泽俊先生所论外，阎瑜民先生也说："岩山寺壁画构图壮观，布局严谨巧妙，技法娴熟，设色妍雅，神态逼真，是宋金院体画的佼佼者。"[7] 公主寺明代壁画、三圣寺清代壁画的设色则追求靓丽的色彩对比效果。壁画强调红绿的补色对比效果，色彩单纯饱满，富有装饰意味，显示了热烈的民间艺术风格。

注释：

[1] 柴泽俊：《佛光寺》，文物出版社1984年版，第25页。

[2] 张世彦：《绘画构图导引》，海天出版社1988年版，第24页。

[3] 柴泽俊：《略论山西壁画》，《山西文物》1982年第3期，第28页。

[4] 季羡林：《敦煌学大辞典》，上海辞书出版社1998年版。

[5]（明）汪珂玉《论古今衣纹描法——十八描》，《芥子园画传·人物》，人民美术出版社1983年版。

[6] 沈子丞：《历代论画名著汇编》，文物出版社1982年版。

[7] 阎瑜民：《论岩山寺壁画艺术》，《五台山研究》1992年第3期，第38页。

基金项目：本文为2014年教育部人文社科青年基金项目"五台山寺庙壁画研究"（项目编号：14YJC760032）；2014年山西省社科联重点课题研究项目"五台山寺庙壁画艺术的保护与传承研究"（项目编号 SSKLZDKT2014123）阶段性成果之一。

岩山寺壁画山水图式探源

□ 赵建中

岩山寺，初名灵岩寺，位于山西省繁峙县城东南36公里处的天岩村（五台山北侧）。根据岩山寺碑文和文殊殿壁画题记，北宋元丰二年（1079）以前已有此寺。金太宗完颜晟为"荐救"阵亡将士在此重建该寺以超度亡灵。金海陵王正隆三年（1158），岩山寺建水陆殿，在殿内绘制水陆壁画。其后，又建文殊殿，金正隆三年至大定七年（1167）由御前承应画匠王逵等人在殿内绘制完成壁画。水陆殿因清末寺僧拆卸出售而移建于繁峙县城正觉寺，唯独文殊殿金代原貌未失，殿内四壁现存壁画97.95平方米。[1]

岩山寺壁画主要分布在文殊殿的东西两壁，西壁为佛传故事，有诞生、出游、成佛、说法到涅槃等各种情节；东壁为经变故事，主要是须阇提太子经变和鬼子母经变，画面随着佛本行、本生经变故事的需要而展开。画面中心为宋金宫廷建筑，故事人物穿插其中，应当是异时同图单幅场景画的综合发展，但不是简单的异时同图画的样式，将整个故事安排在一个宫殿建筑群内外的构图，应当是画家史无前例的新创。[2]岩山寺的建筑规模不大，文殊殿内异常精美的壁画艺术，却足以称得上是中国古代绘画史上的杰出作品。

我国古代壁画中的衬景大多用山水树木来布置，但岩山寺壁画中的山水树木占到壁画面积的三分之一以上，远远超越衬景的从属范围而成为壁画的重要内容。尤其是东西两壁的上部，群峰峙立，云雾缭绕，小桥流水，树木葱郁，俨然世俗山水画的再现。陈传席先生在《中国山水画史》中专列一节来论述，可见岩山寺壁画中山水画部分在中国山水画史上占有一席之地。本文试就东西两壁的山水画图式进行探讨论证，以求其渊源所在。

一、水墨山水——李郭派山水的余韵

东西两壁的山水画部分有两种表现方法，一为水墨，一为青绿。其中水墨山水的面积不大。

在西壁佛传故事画的左上部，有两组水墨画法表现的远山（图1），从其水墨画法的用笔用墨来看，线条浓重，顿挫有力，先勾轮廓，中、侧锋并用，曲折多变，雄健又浑厚，用墨变化多端，在结构及背阴处作片状皴擦，最后用淡墨连扫带写加勾渲染，使山体厚实，达到玲珑温润的效果。与北宋山水画家郭熙《早春图》远山（图2）的用笔用墨极为类似。另外，在东西两壁多处可见李郭派典型的树木形象，松树（图3、图4）主干较长，外轮廓线条灵活多变而见情趣，气势挺拔。笔迹沉稳有力，在扭曲的顿挫中富含弹性，用笔瘦骨露筋，树身以淡墨空过。节疤处用浓墨通点，树多虬枝，虬枝上多小枝，树梢多露，枝条似蟹爪，有一种萧瑟孤傲之气，属于典型的李郭派画松技法。点墨杂树（图5），浓墨双钩树干，树叶的点法用墨较湿，沉着痛快，碎叶圆重，有垂滴之感，也与郭熙的点叶树法类似（图6）。

北宋初期的山水画坛，影响最大的是以关仝、范宽、李成"三家山水"为代表的北方画派，其中李成位居"三家"之首。《宣和画谱》云："凡称山水者，必以成为古今第一，然虽画家素喜讥评，号为善褒贬者，无不敛祖以推之。"[3]（p231）当时李成极负盛名，开创了宋代山水的新风范。在北宋神宗时期（1068—1085），神宗偏好李成的山水画，许多著名画家如许道宁、郭熙、王诜都学习李成，北宋画院内外都流行着李成画风。其中郭熙继承李成画风成就最大，郭熙的山水画艺术在宋神宗时期已经达到顶峰，"神宗好熙笔，一殿专背熙作"[4]（p351）。皇帝的偏爱，加上郭熙多次为当时朝廷

▲图 1 岩山寺西墙壁画（山峰）

▲图 4 岩山寺东墙壁画（树）

▲图 2 郭熙《早春图》（远山）

▲图 5 岩山寺西墙壁画（点叶树）

▲图 3 岩山寺西墙壁画（树）

▲图 6 郭熙《早春图》（点叶树）

官员作画，因此郭熙的山水画艺术受到当时全国上下的一致尊崇。对于北宋画院山水画审美特色的形成，郭熙具有举足轻重的地位。画院内外追随郭熙画风的山水画家不可胜数，形成绘画史上著名的"李郭传派"山水画模式。北宋中期之后，水墨山水画艺术在宫廷画院达到全面成熟。

岩山寺壁画的水墨山水部分，明显继承了李郭派山水的画法，正是北宋院体水墨山水的余韵。

二、青绿山水——北宋复古主义思潮的延续

中国山水画史中，青绿（金碧）山水成熟较早。隋代展子虔用勾勒填色技法绘制山水楼阁，其传世作品《游春图》已形成青绿山水画之雏形。发展到盛唐时期的李思训父子，青绿山水的绘制画法已然成熟，青绿山水画艺术拥有了山水画的正统地位。李思训《江帆楼阁图》、李昭道《明皇幸蜀图》，是唐代传世青绿山水的代表作品。到北宋后期，水墨山水画的发展进入低谷，"今齐鲁之士，惟摹营丘；关陕之士，唯摹范宽"[5]（p351）。"山水古今相师，少有出尘格者。"[6]（p113）画史的记载，反映了北宋后期水墨山水画已失去创新活力，单一的水墨形式已不能满足世俗社会的审美需求。哲宗即位后，因其"好古"，形成品鉴古玩书画的复古主义思潮，郭熙的山水画遭到排斥，甚至沦为揩拭几案的地步。人称"驸马都尉"的山水画家王诜，水墨山水方面学李成，着色山水上学李思训，将水墨与青绿相结合的新技法进行了大胆的尝试，"不古不今"的新画风开始形成，宫廷画院着色花鸟画同时也得到发展。随后，破茧而出的继承唐李思训着色山水画传统的青绿山水发展起来，这些都反映了绘画对色彩的普遍关注与追求。北宋后期青绿山水画是在"好古"的风气中，开始逐渐恢复活力的，它是中国青绿山水画表现技法最完备、创作语言最丰富的一个全新阶段。这时群星璀璨，名作迭出，青绿山水创作走向鼎盛时期，涌现出《千里江山图》这样高水准的精品。北宋后期院体青绿山水画的兴起，可以说具有借古开新的性质，它是满足人们日渐丰富多彩的审美需求的一种表现方式。

岩山寺壁画中，青绿山水部分面积较大，从造型到技法，均吸收了唐宋青绿山水的传统。

东西两壁壁画的山峰部分，有些造型与大小李将军类似，群峰直立，山势陡峭，重岩叠嶂。线条方直，粗细变化较小，属于铁线描法（图7、图8）。

但也有部分山峰及坡脚的造型来自李郭派（图9、图10）。

▲图7 李昭道《明皇幸蜀图》局部

▲图8 岩山寺东墙壁画山水（山峰）

▲图9 岩山寺东墙壁画山水（山峰）

▲图 10 岩山寺东墙壁画（坡脚）

▲图 11 岩山寺西墙壁画（树）

岩山寺壁画的青绿色彩鲜明，历经八百余年，虽然有些颜色已经脱落，色彩关系依然明晰，仍有金碧辉煌的视觉效果。山体的顶端使用水墨底子晕染，用笔柔润，严谨而随意。水墨完成之后，山头分染花青或草绿，画石青的部分以花青打底，画石绿的部分以草绿打底，山体下端铺赭石底色。干后再用厚重的矿物色石青、石绿进行积染，石色从山峰的上端向山脚晕染，从顶部向下渐薄渐淡，衔接好山脚的赭石，前后峰峦或青或绿，交互使用。石青和石绿两种色彩的运用，均有薄与厚的差异，近处的厚，远处的薄，从饱和度上拉开色彩空间。再加上鲜明处平涂、转折处分染、统一处罩染、融合处接染等丰富的表现技法，形成视觉效果的醇厚以及变化多端的空间层次。完成后的画面不仅有青、绿、赭石、黑等不同的色相，在厚薄、轻重、明度上亦存在区别，显得画面的色彩视觉丰富多样，达到纵深的空间效果，形成富于理想化的装饰美感。这是岩山寺壁画青绿山水的主要技法，与大小李将军的青绿效果类似（图8、图9），但较《千里江山图》的石青使用面积少些，可能由于保护不善的原因，没有《千里江山图》那么厚重。

山顶的丛树亦从《明皇幸蜀图》继承过来，其他数量众多的夹叶树法也能找到大小李将军画法的影子。夹叶分粗、细两类，大多为封口夹叶，不封口夹叶较少，夹叶双钩填色，有石青、石绿、铅白，叶与叶间排列得如同图案，或以夹叶间隔点叶，或以绿叶间隔朱叶，由个字、介字、小圆点、圆圈等各种形状的符号各自组成树冠，均富于平面构成的特点。树木的造型，枝干的分布，树冠的形状，都不太讲求真实的转换、过渡、掩映关系，装饰性极浓（图11），支撑了整体画面以青绿为主调的色彩空间。

该寺的青绿山水部分，对唐宋传统青绿山水的继承尤为显著，延续了北宋复古主义思潮的发展。

通过以上分析，岩山寺壁画山水部分，青绿与水墨并存，大面积青绿部分的表现技法采用水墨打底。因此，西壁左上部的两组水墨远山，似乎尚未完成。但我们知道，岩山寺是金代的官方建筑，不可能存在画家的胆大妄为，并非没有画完，而可能是画面经营的艺术需要，加上青绿山峰和坡脚部分的造型几乎与《早春图》相同，所以，更可能是画家融合李郭派与唐宋青绿的杰作。

金代虽然没有设立画院，但据史料，有宫廷画家，由于历史的原因，山水画存世不多，青绿山水画存世更少。我们在金代以前的壁画中极少能看到青绿类的山水。岩山寺壁画的作者王逵是人物、界画、山水和花鸟皆能的画家，岩山寺壁画的青绿山水就愈发显得弥足珍贵。南宋以后，随着文人画观念的确立，青绿山水渐渐失去了正统地位。或许青绿山水这种艺术形式在宗教文化里找到了充分发挥的空间，适宜作为宗教和世俗生活的装饰而走向民间。

参考文献：

[1] 柴泽俊. 山西寺观壁画 [M]. 北京：文物出版社，1997，33.

[2] 孟嗣徽. 岩山寺佛传壁画图像内容考释——兼及金代宫廷画家王逵的创作活动 [J]. 故宫学刊，2005，（1）.

[3] 潘运告. 宣和画谱 [M]. 长沙：湖南美术出版社,1999,231.

[4][5] 陈高华. 宋辽金画家史料 [M]. 北京：文物出版社，1984，351.

[6] 熊志庭等译注. 宋人画论 [M]. 长沙：湖南美术出版社，2000，113.

作者简介：赵建中，男，山西新绛人，太原科技大学艺术学院副教授。

岩山寺与崇福寺金代壁画的审美取向比较研究

□李玉福

在中国美术史上，凡擅画者无不注重画面空间之经营，南朝谢赫称之为"经营位置"，东晋顾恺之称之为"置陈布势"，唐张彦远更夸张为"画之总要"，可见画面构成的重要性。金人在建国之初即笃信佛教，[1] 故金代佛教绘画成就非凡。岩山寺文殊殿壁画和崇福寺弥陀殿壁画的空间营造方面亦各有千秋。文殊殿壁画所绘内容为佛传、本生故事为主，东西两壁是画面的主体部分。创造者王逵以过人的胆识，一改传统壁画的构图模式，精选几组宫廷建筑置于画面的中心（传统构图模式多是将佛祖作为画面的中心来表现的），将佛传故事及本生故事的情节分布其间，画面紧凑而灵动自然。一方面，文殊殿壁画以建筑为中心的空间营造使画面获得了前所未有的巨大活力，其传递给观者的图像信息打破了古法的平铺直叙，更多地增添了一波三折的韵味感，充分显示了院体绘画注重意境传达的审美追求；另一方面，其空间结构及景物的描绘注重写实、以繁取胜，作者不厌其烦地注重细节、精微处的刻画，彰显了宫廷画家的精进精神。正如柴泽俊先生所言："岩山寺壁画所绘建筑和人物的比例适中，具有写实的北宋院体风格。"[2]

崇福寺弥陀殿壁画同岩山寺文殊殿壁画相近的是其西壁壁画保存相对完整。画家借以古法，取其传统的中心对称构图形式。为改变画面巨大而产生的空洞和单调，作者在空间营造上采用了层层递减的构成方式。画面专注于第三维空间的表达，即在深远层次营造上做了大胆探索：作者没有像岩山寺文殊殿西壁那样注重上下左右、一波三折式的空间表现形式，而是把视野回归到了佛祖菩萨本身的前后关系的精心安排。画面巧妙地借助了国人注重尊卑、主次的传统审美习惯，为了表现佛祖的尊贵，作者层层推进，首先将佛祖从画面上凸显出来，靠后者是菩萨（面积上菩萨明显小于佛祖，位置上菩萨靠后佛祖），最后是横向排列的五佛及菩萨，正是这一结构打破了佛、菩萨所形成的过于规整的直立格局，使画面丰富、生动起来。作者以繁丽的衬景，巧妙地将佛祖、菩萨"挤压"出来，从而最大程度地实现了层层递减的深远空间营造。特别是在佛祖头光、身光和菩萨头光的处理上，作者可谓苦心经营。佛祖的头光和身光均采用了层层重叠的描绘方式（仅佛祖的身光连同叠韵就有八道之多），加以不同颜色装饰，其渐变效果犹如现代圆形的色环，使观众仿佛有穿越时空之感。这一亮点为西壁的空间营造增色不少。弥陀殿层层递减的空间营造方式丰富了传统壁画的表现形式：1. 层层递减式的空间营造，达到了尊卑和谐、主次适宜、稳定均衡的艺术效果，营造了敬慕深远的空间结构，加深和拓展了殿内的宗教氛围。2. 弥陀殿画面构成明朗、洗练、宽博，有唐人之风。有趣的是，其构图方式同五台佛光寺东大殿拱眼壁画——弥陀说法图极为相似。

朔州市朔城区崇福寺弥陀殿西壁《释迦牟尼说法》壁画 金代

433

崇福寺弥陀殿《飞天》壁画 金代

睿智的婆薮天、文雅的吉祥天，用线均以明净的铁线描完成，精力充盈，笔笔到位，仔细读来，通壁竟无一废笔，可见作者的精准造型能力。

岩山寺东壁《鬼子母》壁画 金代

岩山寺西壁《宫中场景》壁画 金代

在具体技法上，岩山寺文殊殿的壁画审美取向繁密和精致。"绘画技法学展现全面：双勾填色、没骨写意、沥粉贴金、堆叠镶嵌、晕染烘托，均自成体系。"[3]造型上崇尚写实，人物和建筑的比例基本吻合，众人物间的比例尊卑相差不大，市民百姓皆以钉头鼠尾描表现，松动灵活，可与卷轴绘画相比。佛祖、菩萨、达官贵人则以"曹衣出水"的铁线描为主，行笔劲挺，人物沉稳、高贵之感跃然纸上。特别值得关注的是，在文殊殿壁画中大量出现了笔法更为灵动多变的青绿山水和水墨山水，其在画面上的作用已远远超出其他壁画中衬景的作用而有了独立成画的意义。崇福寺弥陀殿在造型上注重夸张，整体画风趋向疏朗开阔。佛祖的刻画洗练大方，笔笔写出，行笔自信，其静穆祥和的神态扑面而来。菩萨的造型多强调传统的"S"形曲线，使形体成功地获得了微微动感，增添了画面的韵律感，为了使人物造型的线条衔接得天衣无缝，佛祖及菩萨的描绘则以民间的"捻子"作为主要的绘画工具，画面中长线回旋，一气呵成，似得神助。特别是西进间南壁千手千眼观世音菩萨的刻画，充分彰显了壁画创作者过人的绘画才能。此场景构思巧妙，气势宏伟，生动地再现了观音演法时的宏伟场景。值得一提的是，通常的千手观音是十一面、二十七面或五百面等，但随时间的推移，十一面观音、十七面观音、五百面观音等都被说成千手观音了[4]。弥陀殿千手观音壁画却以十八面绘于墙上，实属罕见，这些千手千眼不再是约数，作者尽其所能如实地将其千手千眼落于壁面。千手无一重复，包罗万象，似是以无穷法力普度众生；千眼遥相呼应，似是明察秋毫，消灾免难。无论是祥和的千手观音，还是

在色彩结构方面，二者也各有亮点。为追求画面的高雅格调，岩山寺文殊殿四壁以青绿为主，分层渲染，相得益彰。同类色的妙用使画面获得了空前的明净与雅致。崇福寺弥陀殿的色彩结构则更为成功地体现在补色关系的巧妙处理上。弥陀殿的衬景及背景色以青绿为主，而最为醒目的佛祖、菩萨大施以朱砂色，特别是佛祖身上大面积的朱砂与背景的冷绿色形成了占画面主调的红绿补色对比。弥陀殿色彩结构设计大胆，使画面获得了庄重、热烈的宗教气氛。

在对比二者不同审美趋向的同时，不难发现二者虽然在画面空间营造、艺术造型、色彩结构等诸多方面各有千秋，但终究没有超越其所处的时代。其一，岩山寺和崇福寺壁画皆为皇家出资绘制，所选画家技艺高超、修养全面，绘画水平自然超出了一般寺庙壁画的水平，现存绘画具有经典意义。其

二，文殊殿、弥陀殿二者的总体审美趋向繁丽。但就刻画的精微程度而言，弥陀殿胁侍菩萨的服饰装饰相对于文殊殿的细节刻画，则是有过之而无不及，二者共同显示了金代审美渐趋繁丽的时代特征。"建筑彩绘的风格也出现了追求绚丽、灿烂的装饰取向，企图达到'轮换艳丽、如组绣花巾之纹尔'，也即锦缎的装饰效果"。[5] 其三，二者皆注重画面意境的传达和绘画本身艺术性的营造，[6] 岩山寺文殊院壁画是五台山壁画的代表之作，其四壁绘制精美、格调雅致更具宋代院体之风，崇福寺弥陀殿绘画总体气息宏伟疏朗、浑厚宽博，直追唐人。二者关内关外、一文一武，是我国现存金代壁画中难得的佳作。

注释：

[1] 汪菊渊，《中国古代园林史》，中国建筑工业出版社，2006年版，第260页。

[2] 柴泽俊、贺大年，《山西佛寺壁画》，文物出版社，2006年版，第34页。

[3] 李玉福，《对岩山寺案例教学的探讨》，《新美术》，2012年第6期，第108页。

[4] 李翔，《十一面观音像式研究——以汉藏造像对比研究为中心》，《敦煌学集刊》，2004年第2期。

[5] 郭黛姮，《中国古代建筑史》（第三卷 宋、辽、金、西夏建筑），中国建筑工业出版社，2003年版，第754页。

[6] 李玉福，《论五台山寺庙壁画的审美承载》，《名作欣赏》，2015年第1期，第63页。

经典的魅力

——岩山寺壁画设色赏析

□李玉福

岩山寺古称灵岩院，位于山西省繁峙县的天岩村，距县城36公里，创建于宋元丰至金正隆年间（1078—1161），是集金代建筑、绘画、雕塑为一体的佛教建筑。岩山寺壁画发现于20世纪50年代，根据寺里的建筑、彩塑、碑刻及壁画的题记等资料，1973年的文物复查将文殊殿壁画定论为金代遗迹。1982年被划为国家级重点文物保护单位。1999至2001年，山西省古建筑保护研究所技术人员对壁画进行了揭取和修复，证实了壁画的地仗和壁画的绘制属同一时期，中间并没有改绘的痕迹。寺院坐北朝南，位于岩上村的山坡上，南北长80米，东西宽100米，占地8000平方米。寺院所占位置居高临下，颇具五台山地区建寺的风格（五台山寺庙多依山而建，以取视野开阔之便），是人们常说的风水宝地。寺内现存文殊殿、伽蓝殿、马王殿和钟楼一座。文殊殿面宽五间，进深三间六椽，歇山式屋顶，前后檐当心间设门，殿内可以穿通。殿内除壁画外，

现存金代彩塑、狻猊、童子、金刚等佳品，经十年浩劫皆损毁严重，但原作的艺术魄力依然撼人。殿内壁画东西壁保存相对完好。东壁所绘除佛和菩萨外，多为经变和本生故事。画面以一组宫殿群为背景，采用通景式构图，正中为静谧祥和的释迦牟尼，四周则绘以光圈、相轮、火焰纹，暗示法轮常转，普照众生之意。佛祖四周巧妙地穿插经变和本生故事情节。西壁构图仍以建筑为主体，取一组完整的宫城为背景。所绘内容以佛传故事为中心，作者巧妙地将释迦牟尼诞生、出游到成佛的各种情节安于其中，左右两侧和上隅均以高台水榭、树木青山作为点缀，画面洋溢着浓浓的生活气息。北壁西隅画五百商人航海遇难的故事，风卷浪翻、船只颠簸，气氛生动真切。东隅以八角七层高塔为中心，结构精巧，比例准确，生动反映了北宋时期的特色。南壁仅留东梢间之画，上为楼阁建筑，中为释迦佛二弟子和二胁侍菩萨，下为供养人像。环顾四壁，作

者匠心独运，巧妙地将天上人间、宫廷市井交织在一起，和谐而融洽，再加上雅致的青绿基调，殿内整个气氛越发朦胧而神秘。

岩山寺壁画是现存金代壁画中的瑰宝。正如国画大家潘絜兹所赞扬的："山西省南有永乐宫，北有岩山寺，堪称寺观壁画的'双璧'。"因年代久远，四壁下方和南北壁近门处剥落损毁严重。立于壁前，迎面扑来的是满目的历史沧桑。四壁内容以佛传故事为主，和其他壁画不同的是，殿内的东西两壁建筑物均占很大比重，并巧妙地支撑起了两壁的框架，人物故事则依势穿插其中，与建筑群相得益彰。人物面积在壁画中所占的比例则相对减小，明显不同于同时期的朔州崇福寺壁画的经营方式（在崇福寺壁画中，人物面积的比例占据了绝对优势）。西壁以宫廷建筑为中心，描绘了释迦牟尼诞生、出游及成佛的情节，以石青、石绿为主调，色彩单纯，特别是下方平淡无华的市井描写，更是增添了壁画的生动情趣。东壁内容多为经变和本生故事，采用通景式的构图，各种故事情节穿插于建筑、祥云之间。相对于西壁的设色，东壁则在青绿色调的基础上多了些变化。比如：东壁在佛光及祥云上大胆地使用了石黄、深紫等纯色，使画面显得更加庄重而热烈。北壁西隅绘五百商人行舟遇难的故事，东隅绘舍利塔，南壁仅留东梢间之画，为释迦佛及弟子、胁侍菩萨、供养人像等。南北两壁损毁严重，多是留有墨线，色彩几近脱无了。

总观四壁的设色，多以石青、石绿、朱砂、花青、赭石、石黄等颜料为主。最为特殊的是壁画上的建筑物界面成功地使用了沥粉贴金的绘制技法，使矿物质颜色的沉稳、厚重与漆黑墨线、辉煌的贴金辉映成趣，整幅壁画别具一格。正如傅熹年先生所言："将沥粉贴金用于建筑界面，此是首创。"壁画的成功设色正是作者内在智性的彰显。

其一，画家的设色多是依据了古训，做到了"随类赋彩"，以表现物体的固有色为主，但同时为获取画面的最大张力和感染力效果，对画面某些重点部分则更多地采用了"意象"设色，即依据画面需要舍去物象的固有色彩，按照作者主观的色彩观进行设色。作者在描绘物象时，已非自然主义的描写，更多的是体现在对色彩三要素（色相、明度、纯度）自觉的夸张、变色、变调等灵活的主观处理。

例如：西壁的佛传故事《夜半托生》（见图1）一图中关于普贤菩萨场面的处理。画面中心普贤身披白纱，端坐于白象之上（明度最高），中间是淡彩纯朱砂的佛光部分（明度为灰色，色相单纯，纯度较高），再往外是服饰色彩较重的众仙人（明度为暗，纯度降低，色相多样）。最外一层是祥云，祥云的处理也是别具匠心：色彩以石青、石绿为主，中间加入了浓重的花青色，明度、纯度降为暗调，使其和里面的灰调仙人及亮调菩萨形成了一个里亮外暗的递进色阶。色相的处理则巧妙地运用了色彩的互补性（外面祥云的绿色与里面佛光的朱砂色比例约为5:2），红与绿的互补对比协调，朱砂突出，再加上递进的明度、纯度的色阶渐变，观者的目光自然会被吸引到画面主体部分上了。东壁的设色相对于西壁来说跳跃多了。作者大胆采用了色彩的色相、纯度、明度对比原理。如：东壁的须阇提太子本生故事中的《仙女赴祭》（见图2）一图。作者夸张地将祥云绘成纯石黄的颜色，而仙女脚下则是纯度较低的石绿。仙女上方及石黄祥云下方采用留白处理，仙女的服饰采用相对稳定深沉的青绿、胭脂为主。西壁的《夜半托生》设色规律是外暗里亮、外灰里纯，而《仙女赴祭》的设色规律正好相反，明度、纯度、色相整体和谐而富于变化，色彩的三要素被发挥得淋漓尽致，二者都是自觉运用色彩规律形成色阶递进的典范，都是在第一时间巧妙地将观者的目光引向画面的视觉中心，正所谓异曲同工。

▲图1

其二，在色彩和笔墨的处理关系上做到了色墨和谐，人物配景设色儒雅、沉郁，用笔爽朗、肯定，充分印证了古画论中的"色不碍墨"，"墨现色彩"的观点。画中的佛祖、菩萨、仙人、宫女等的衣纹

▲图 2

处理主要以铁线描为主，大有"曹衣出水"之风韵。而武士、鬼神、儿童、民众描绘则采用了折芦描、钉头鼠尾描为主，行笔磊落，壮气十足，充分彰显了"吴代当风"之豪气。画面的主体部分的设色均做了充分考虑，主像的用色沉静而单纯，配景的用色均围绕主像展开，在追求色彩装饰性的同时，尽量保持线条的独立性，皮肤、服饰等是在墨线基础上着色后，再加以同类色勾勒一遍后完成，画面和谐而富于变化。墨与色在这里巧妙地融为一体，特别是色线一体的沥粉贴金成功的运用，使物象突起壁面，设色取得了三维空间的独特效果。

其三，壁画追求的沉郁儒雅的色调体现了宋金院体之风。画面制作秉承了院体画追求精进精神的格调，每一根线条的虚实叠加，每一块色彩的前后明暗均做了细心推敲。正如潘絜兹先生初见此画时所言："壁画总的印象是内容丰富、人物生动、布局精巧、设色妍雅，不同于一般寺观的做法，十分接近卷轴画，是典型的北宋院体。"岩山寺壁画以青绿为主色调，双钩填色、沥粉贴金，制作精良，气息儒雅，近于卷轴。从壁画的临摹经验来看：对于壁画的色彩处理，作者可谓匠心独运，壁画的主体人物（佛祖、菩萨、仙人等）的绘制均积染数遍而成，衬景则一两遍而就，画面精益求精，效果通透而厚重，真正达到了"艳而不俗""淡而不薄"的工笔妙境，明显不同于民间大红大绿的直接渲染。东壁上方"蝙蝠精灵"的绘制更是匠心独运：有的全部着色，有的是仅头部着色，有的干脆依墙的本色不着色——但无论着色与否，画面均闪动着鲜活的气息。

岩山寺壁画用色是以意象见长的东方色彩观的典范之作，其设色大胆而富于智慧，充分彰显了古人的活力、想象力和创造力，体现了东方民族特有的观照世界、观照自然的审美观。正如贡布里希在《艺术发展史》中所言："中国的艺术有更多的时间去达到雅致和微妙，因为公众并不那么急于需求看到出人意表的新奇制作。"立于壁前，岩山寺壁画所凸显出的，不仅仅是吸引我们眼球的甜俗之境，更期待我们静下心来去读、去品其特有的、更为深层的意蕴。

参考文献：

[1] 傅熹年.写山水诀.中国古建筑十轮 [M].上海：复旦大学出版社,2004:290.

[2] 据壁画题记及碑刻记载：岩山寺壁画为金代宫廷画家王逵等人所绘，完成于大定七年（1167），距今已 800 多年，现存壁画面积为 97.98 平方米。1982 年被列为国家一级保护文物.

[3] 郭俊卿.忻州考古论文集 [M].太原：山西科学技术出版社，2008:35.

[4] 贡布里希.艺术发展史 [M].范景中译.天津：天津人民美术出版社,1992.

岩山寺文殊殿西壁壁画整体布局研究

□李秉婧

岩山寺位于山西省忻州市繁峙县，居于五台山北台山麓。岩山寺文殊殿壁画宏大、内容生动，是我国现存的金代壁画中水平最高的作品。[1]自20世纪上半叶至今，专家们从壁画的绘画艺术价值、题材内容、画家身份考订、壁画中建筑时代特征、壁画中反映宋金时期社会生活面貌等多方面进行研究，内容涉及多个学科。笔者作为绘画的实践者，通过近十次的实地考察、测量，从整体到局部，尽力贴近画家绘制壁画的思路，对文殊殿西壁壁画的整体布局构图特点进行了综合研究分析。

一、岩山寺文殊殿现状及壁画的整体分布

岩山寺文殊殿为歇山式，宽五间深三间六椽，前后当心间设门，殿内中间为佛坛，约占殿内面积的二分之一；佛坛中央原来南向塑文殊骑狮像，"文革"中文殊塑像和扇面墙被砸毁，狮子头部已毁；两侧胁侍菩萨、童子和金刚塑像尚存；在扇面墙（现仅剩木架）背面残存水月观音一尊，像下泥塑，可辨水纹和龙身。

岩山寺文殊殿内满绘壁画，虽穿越千年，但翠山彩云缭绕，亭台楼阁，雕梁画栋，金碧辉煌，令人叹为观止。由于年代久远，世事沧桑，墙壁下部近地面和门窗处，剥落残损严重。其中南壁东西梢间窗下、北壁窗下全部剥落。画面中的银朱铅粉大部分氧化变黑，沥粉堆金剥落较多。西壁据题记可知，所绘为佛传故事，其余各壁题记模糊难辨，内容只能看图像考据。

壁画的面积据柴泽俊先生实地勘察测量（在修复前）为134.42平方米，现存壁画面积统计见表格。

东壁壁画面积宏大，异时异地同图描绘佛"本生"故事；南壁仅东梢间存有壁画，壁画最上部远山叠嶂，稍下为宫殿楼台，中间大部分为一组释迦牟尼说法图；北壁西梢间和窗下壁画模糊，剥落相当严重。内容依稀可辨为一大型船只在风波激荡中遇难的场面，空中云端佛祖隐约可辨。在靠近门框处，有一组用白描手法轻松描绘的亭台楼阁图，相当吸引人。北壁东梢间顶天立地画一八角七级浮屠，门窗勾栏细致到位，窗户里的人物清晰可辨。靠近地面处剥落模糊，依稀可辨一座庭院，环绕佛塔。

岩山寺文殊殿金代壁画面积统计表 [2]

位置	画面高度（m）	上边宽度（m）	下边宽度（m）	壁画面积（㎡）
东壁	3.45	11.25	11.11	38.57
西壁	3.45	11.3	11.1	38.57
南壁东梢间	3.45	1.34	1.26	4.49
北壁东梢间	3.45	1.55	1.45	5.18
北壁西梢间	3.45	1.23	1.17	4.14
北壁两次间窗栏下方	1.88	3.79	3.77	6.96
合计				97.98

文殊殿西壁壁画为佛传故事连环画，表现释迦牟尼现变前的传记，现存97.98平米。画面在树木、云气、流水、山石环绕点缀下，绘制释迦牟尼生活的宏伟宫城建筑，在错落有致的建筑和山水中，描绘了入胎降生（乘象入胎、佛人还家、树下降生、唯我独尊、九龙灌浴）、诠名占相（播鼓报喜、太子回城、群臣朝觐、阿斯陀占相）、试艺出游（算应维论、隔墙掷象、比试射艺、出游四门）、离宫出家（逾城出家、车匿还宫）、授记（青衣卖莲、君臣应佛、布发掩泥、贫人扫道）、苦修成佛（五人寻觅、山中苦修、斗法成佛）等内容，包罗万象，大千世界芸芸众生扑面而来。[3]

环视殿内，壁画、佛台、塑像虽然穿越千年、满目沧桑，但还是会被营造的整体氛围震撼：四壁壁画最上部均为高远的彩云远山，将殿内空间推向远方；西壁中间整座城池徐徐平铺开来，既平衡11米长的画面，又连接统一近50个不同的故事场景，同时营造纷繁的世俗生活气氛；东、西、北壁的下部分都绘流水，与殿内水月观音相呼应。方位上，

西壁西方极乐净土，东壁龙宫，北壁东梢间绘七级浮屠，这些均与现实中西方极乐、东海龙宫、七级浮屠的方位吻合。想象一下入殿的情景：佛台文殊仙众端庄严肃，环视四壁，一帧帧栩栩如生的画面映入眼帘，好一个佛国众生、包罗大千的婆娑世界，"这是一整套设计。这一设计不止反映了思想体系的完整性，也表现出艺术构思的完整。"[4]

二、文殊殿西壁壁画的宋金时代整体布局特点

我国寺观壁画的构图布局除了受建筑物本身的结构影响，在长期实践中，师徒手口相授也形成了一套相对稳定的、程式化的构图布局方法。比如唐代形成的"吴家样""曹家样"等，现存吴道子的"天王送子图""道子墨宝"、宋代的"八十七神仙卷""朝元仙仗图"等，都是这类粉本中的杰作。关于岩山寺壁画构图，金维诺先生讲到："东西二壁经变均作鸟瞰式构图，打破以往以说法为中心的经变形式，创造了以金碧界画山水为统一构图的经变。佛经的故事图像，不是零星分割的，而是统一组合在殿阁楼台、山林苑囿、风景宜人的景秀河山中。"[5]这概括了岩山寺壁画的整体构图特点：①鸟瞰式全景构图；②异时异地同图；③缩小经变图说法场面的面积。这些特点在西壁上体现得更为清晰。

（一）鸟瞰式全景布局

鸟瞰式全景布局，又称"大山大水"，大俯视提高视点，在纵深空间上体现"三远"的中国传统山水画空间视觉法则。敦煌莫高窟第61窟五代《五台山图》、长沙马王堆汉代帛画均是如此。文殊殿西壁壁画在大俯视效果里将多重现实空间组合在一起，散点与焦点相结合，自由安排透视关系[6]。在高3.5米、宽11米中全景构图，将40多个榜题内容巧妙地展现在重山叠峦、回廊曲栏中，画中人无论在哪个角度，举手投足生动自然，不受视角的局限。这正是宋代沈括"以远观近、以大观小"[7]观点的体现。

（二）异时异地同图，有序布局不同时空纷繁故事情节

"异时异地同图"是叙事性绘画布局、表现故事情节的一种经典手法，我国传统绘画尤其叙事性壁画中经常采用。画家根据描绘的主题内容，将完整故事中不同时间、地点出现的人物、景物，不同的空间发生的故事情节，巧妙地在同一画面描绘，同时再现不同时间发生的故事，将各个局部空间并置在同一大的画面中，创造了一种整体空间。如壁画"酒楼市井图"中同时表现了"青衣买莲""车匿还宫"这两个佛传故事情节。

岩山寺西壁壁画整体更加宏大，发展了异时同图单幅画，"除了犍陀罗常用的树木外，又另外借助了山岳和建筑，运用了中国式的构思，形成了中国独特的连环画式的佛传表现"[8]。西壁中整个佛传故事的各个情节（现存42个榜题故事）以一座宏伟的宫城为主体，把释迦牟尼降生后和出家前的种种活动安置在城内相应的位置，又把其降生前和出家后的活动安置在宫城之外山间林旁、村舍之中。这是"异时同图单幅场景图的发展"[9]。

（三）说法图相对缩小的构图

文殊殿壁画主要内容为佛传、本生故事，其间穿插许多说法图。前人在描绘类似题材中，"说法图"是画面主体，而岩山寺壁画把经变画中间的说法图缩小，留出更多的空间来表现故事情节。现存宋金时期卷轴人物、山水和界画呈现的时代面貌中，在岩山寺壁画中也有充分的体现。这种缩小说法图面积的构图，使庞杂的画面秩序化，使画面更接近实际，也更有说服力。

三、文殊殿西壁壁画构图中的独特性

岩山寺西壁壁画继承前人成果，在整体构图外，又呈现出自己的独特性和非凡价值。绘制整座宫城，界画精工是画面构图的主要平衡力量；巧妙安排故事情节的位置和面积，主动控制视觉观看顺序；岩山寺西壁壁画内容位置从视觉心理学出发安排，独具匠心。

（一）绘制整座宫城，界画精工是画面构图的主要平衡力量

岩山寺文殊殿西壁一座宏伟的宫城布满画面，正如傅熹年先生所说："这是现存最巨大的一幅建筑画，可以看到北宋以来以表现建筑物宏伟壮丽、气势压人的建筑画传统在金代仍延续下来。"[10]在构图上，这组建筑也是平衡画面的主要元素，首先，岩山寺西壁壁画中的整座宫城横贯南北，起到了重要的贯穿、统一繁多内容的作用，它与四周点缀的一些小院落，使画面整体气势磅礴，层次丰富。其次，宫城、楼阁形式上是一组错落有致密实的直线，稳定、沉静，与穿插其间的人物、云气的曲线形成鲜明的对比，加强了画面中线面、疏密、方圆的节奏，将

如此大的面积中如此多的内容谱成一首丰富的交响曲。再次，画中的宫城将佛传故事内容的入世和出世区分开来，体现了佛教中的因果观和出世入世观。

（二）从西壁壁画故事情节观看路径，看故事内容的构图布局

西壁内容为佛传故事，在异时异地同图构图中故事的时空顺序被彻底打破，笔者从图画本质的视直觉出发，就故事观看路径的布局对壁画构图作如下分析。

立于画前，首先可见中间部分"此是护明菩萨 / 夜半托生之处"和下部"释迦牟尼佛为 / 梵王现神变处"。画面正上方护明菩萨白毫射向香阁的光芒由上而下、由细变粗，形成距离的渐进和速度感，非常夺目，香阁周围环绕的巨大光芒，占画面八分之一面积还多，加之下部"释迦牟尼佛为 / 梵王现神变处"的重要场面，画家设此处为视觉中心无疑。这样的构图布局在佛教题材壁画中有很多：如各时期的《礼佛图》，主佛居画面中心，正面观众，其余仙众向中心聚拢。又如敦煌莫高窟 257 窟中北魏的"九色鹿本生"故事，情节中矛盾发展的高峰"申诉"也在画面中心，"救溺""告密"对比在左右两端，作为正邪、善恶两极，因果报应的主题异常鲜明。文殊殿西壁高大，画家在中间上下两层安排主要情节，"授记""求子"等前世内容由左下向中间"投胎"的中上发展，右上的"斗法""苦修"内容向中间的"现变"发展，由此，情节形成向中间聚拢的"S"形结构曲线。所以岩山寺壁画也是此种构图的发展。

孟嗣徽先生依据主要说法图认为："主要事迹由授记—入胎—成道—现变四部分组成。"根据考察，首先画面四周剥落严重残缺不全；其次，南边虽已模糊，仍有榜题字迹"鹿皮仙人得七只金莲花"（此处有重绘痕迹），可辨一组盛大的说法图；在壁画的北面偏下"乌头门"旁，也有佛的项光可辨，有说法图痕迹。而据经文，释迦牟尼本生故事也确有其他内容。据此笔者认为，整铺壁画主要事迹应不止四组。

（三）岩山寺西壁壁画内容整体安排独具匠心，完全符合视觉心理学

我们按传统壁画粉本上墙的经纬辅助线法，分析西壁壁画榜题位置分布关系。西壁壁画是长 11 米、宽 3.5 米。壁画上下四等分，壁画上四分之一 a 区，有榜题 12 处，离地 3 米左右，此处描绘远山，有高

深之感；上半部分的下二分之一 b 区，画面中现在可辨 17 处榜题，这两部分是宫城外辽阔平远的田野。在离地 1.2 至 2 米之间的 c 区，现存榜题 19 处，为人观看最佳位置，画家将最后功德圆满的现神变处、以及大部分重要故事内容安排至此。画面的左上角和右上角有向上的飞升和向外的挤出感，画面的左上方是徐徐而来的仙众，右上方是斗法的场面。最下面的 d 区，描绘近景湖石和树，视觉心理偏于下垂和深度的缩进。经过这样的分析，我们可以看到，壁画榜题位置安排完全符合视觉心理。

综上所述，画家王逵在岩山寺文殊殿壁画中运用高超画技，在有限空间内，通过一组宏大城池内外的大千世界，再现、表现、象征、暗示释迦牟尼本生故事的内容，深远达前世、今生、西方极乐。又表达了因果轮回、时空轮转的思想。画家通过巧妙构图布局，突破了壁画艺术表现的局限性，使壁画呈现出立体纵深的运动变化和空间无限的真实自然。岩山寺壁画是宋金绘画的重要例证。

参考文献：

[1] 柴泽俊, 张丑良. 繁峙岩山寺 [M]. 北京, 文物出版社, 1990.

[2] 柴泽俊. 山西寺观壁画 [M]. 北京：文物出版社, 1997.

[3] 崔玉卿. 五台山学探究 [M]. 北京：宗教文化出版社, 2015.

[4] 孟嗣徽. 岩山寺佛传壁画图象内容考释——兼及金代宫廷画家王逵的创作活动 [J]. 故宫学刊, 2005（2）.

[5] 金维诺. 中国美术全集·绘画篇·寺观壁画 [M]. 台北：台北锦绣出版社, 1989.

[6] 陈传席. 中国山水画史 [M]. 天津：天津人民美术出版社, 2001.

[7] 王伯敏. 中国绘画通史 [M]. 北京：生活·读书·新知三联书店, 2001.

[8]（日）宫治昭著, 李萍译. 犍陀罗美术寻踪 [M]. 北京：人民美术出版社, 135.

[9] 潘絜兹、丁明夷. 岩山寺金代壁画 [J]. 文物, 1983（1）.

[10] 傅熹年. 中国古代的建筑画 [J]. 文物, 1998（3）.

基金项目："非物质文化遗产传承及特色旅游产品开发——忻州市五台山佛教壁画遗存图片数据库建设"（20180402-1）。

作者：李秉婧, 女, 忻州师范学院美术系副教授, 研究方向为佛教美术。

五台山佛光寺明代罗汉图的造像分析

□李秉婧

1937 年 6 月，梁思成、林徽因一行在对莫高窟 61 号窟唐代五台山图研究后，按图索骥，于山西省五台县豆村镇发现了唐代古刹佛光寺。佛光寺兴建于北魏孝文帝时期（471—499）。唐元和年间法兴禅师主持修建了弥勒大阁。唐武宗灭佛，佛光寺被毁，仅存祖师塔。公元 847 年，唐宣宗复兴佛教，佛光寺得以重建。明、清时期，佛光寺东大殿、文殊殿等都有修葺。文殊殿壁画即绘于明代。

明代以后佛教衰微，寺观壁画绘制多由民间画工执笔，寺观壁画艺术水平大不如前[1]。但是五台山作为历史悠久的佛教圣地，至今仍保存大量的明代壁画[2]，其中不乏优秀之作，尤其是佛光寺文殊殿的五百罗汉图，造型优美生动，线条流畅，设色淡雅，具有较高的艺术价值。

一、文殊殿壁画概况

佛光寺依山而建，坐东朝西。文殊殿在下院北侧，建于金天会十五年（1137），元至正十一年（1351）重修。1953 年又进行了补修。寺内现存明宣德五年（1430）铁钟一口，铁钟上《五台山大佛光寺铸钟叙记》载：宣德五年（1430）六月，游礼五台山清凉境界到大佛光寺……于正殿并文殊殿内发心塑造罗汉五百尊"[3]。文殊殿内五百罗汉壁画的造像、设色具有典型的明代特点。壁画现存内容分布于殿内的东、西、北三面墙壁的下部。其中西壁存 75 尊；东壁存 64 尊，残损 11 尊；北壁西部绘 55 尊，东部绘 54 尊，共绘罗汉 259 尊，残损 11 尊，现存 248 尊。壁画中所绘罗汉像分上下两层排列，下层罗汉坐于岩石之上，上层罗汉坐于下层罗汉之后，罗汉姿态多变，表情丰富，生动地刻画了罗汉的法会场面。壁画面积见下表。

文殊殿现存明代壁画面积统计表（2011 年）

位置	上宽 (m)	下宽 (m)	高度 (m)	残损面积（㎡）	现存面积（㎡）
东壁	16.53	16.47	2.03	16.5×0.6=9.9	23.6
西壁	16.64	16.56	2.03	——	33.7
北壁	13.63	13.58	2.03	13.6×0.4=5.44	22.17
南壁	13.61	13.57	2.03	13.59×0.42=5.7	22.88
合计				21.05	101.35

二、佛光寺文殊殿罗汉壁画造像特点

（一）罗汉造型

罗汉，全称为"阿罗汉"或是"阿罗诃"，意指破除烦恼、超脱轮回，是佛的得道弟子。随着中国佛教的兴起和佛教造像艺术的中国化，罗汉信仰也在中国确立和兴起。因此，罗汉信仰与罗汉造像作为一种佛教艺术，也是佛教中国化的产物。

唐代玄奘所译《大阿罗汉难提密多罗所说法住记》中最早记载的罗汉为十六位，后来演化成了十八罗汉，乃至五百罗汉。到明朝罗汉信仰的鼎盛时期，在兴建寺庙的过程中，流行塑造和彩绘五百罗汉。佛光寺的东大殿明代彩塑罗汉和文殊殿的罗汉图即是例证。罗汉的画像大多数都是光头僧人的形象，罗汉的样式颇多，变化也很丰富，并没有严格的规制。

1. 头部。在历朝历代的罗汉作品中，有两种风格迥异的造像模式，分别为"禅月像"和"世间像"[4]。"禅月像"多是骨像奇特、脱凡出俗的造型；而"世间像"的造型与常人无异，姿态端庄。佛光寺文殊殿中罗汉造像，绝大多数是后者，只有很少的一部分是禅月像。如玄奘所译的《法住记》言，十六罗汉"现种种形，蔽隐圣仪，同常凡众"。文殊殿的五百罗汉，也大部分都遵循原始罗汉的造像。罗汉头部造型多为世间像，虽然偏向世俗化，但是，文殊殿各尊罗汉的面貌多样，而且壁画中人物的表情也不一。如西壁前排第七尊罗汉，皮肤白皙，脸庞圆润，眼睛细长，神态安详，面带笑容，罗汉的头微微向左侧视，仿佛在与身边罗汉交流。（图1，西下左六）而西壁前排第十二尊罗汉显示出了禅月像的造型，罗汉的头骨骨骼奇特，眉毛直立，眼睛怒瞪圆睁，嘴唇微张，罗汉留有络腮胡须，整个罗汉肌肉紧绷，好像正在经历着痛苦。（图2，西下左十二）

▲图1 佛光寺文殊殿罗汉世间像

▲图2 佛光寺文殊殿罗汉禅月像

2.体态。佛光寺文殊殿壁画中的罗汉人数众多，虽然整个罗汉图的布局是平铺式的，但是由于每个罗汉的动作不一、形神不同，整个画面并没有一丝单调的感觉，反而因为每个罗汉都不相同的表情与动作，平添了一种亲切的感觉。后墙西壁前排第十二尊罗汉，双目圆瞪，紧紧地盯着手下的老虎，左手压着老虎的头，右手高举握拳，手中持金环，罗汉上身赤裸，紧缠一些飘带，浑身的肌肉紧绷，给人一种随时会挥拳打虎的感觉。西墙前排第二十二尊罗汉，身体呈正侧面，头部与身体呈现相反的方向，双眼向后看，好像在聆听后排罗汉的话语。

3.服饰表现。壁画风格写实，不但罗汉形体、比例、相貌与真人惟妙惟肖，而且壁画中人物的衣饰贴体利落。罗汉大多数着僧袍，且样式花纹多变，还有赤裸上身缠以飘带者，或是完全的赤裸上身。根据戒律的记载，佛陀在世时对比丘着衣做了很多规定，形成了原始佛教僧人们着衣的制度，这便是"三衣之制"。然而佛教东传后，这些穿衣制度在中国有些地方难以执行，中国北方的冬天气候寒冷，三件衣服不足以御寒。所以，在佛教进入中国以后，汉地的僧人就进行了一定的改制与创新，僧衣的种类也在佛教传播过程中发生了一定的变化，但是也还是保留了一些原始的制式。

在变化中，最为典型的是偏衫和直裰的出现，因为增加了袖和交领，所以定名为"偏衫6"，还将偏衫与裙子缝合，称之为"直裰7"。就这样，"偏衫"与"直裰"形成了汉地僧人着衣的主要形式，一直沿传到今天。文殊殿壁画中的罗汉大部分着衣都是采用这样的制式，为汉地僧人的传统样式。只有少数的罗汉袒露上身，或是裸露上身缠以飘带，是梵式僧衣。

（二）持物

佛教是非常重视佛法仪规的，罗汉造像中除了面部形象、体态区别外，为凸显各自的神通、技艺，往往会搭配各种法器。法器的形制种类很多，用途也各不相同。某些法器除了有庄严的佛教意义外，也有实用价值，如锡杖、如意、各种乐器等。

壁画中所绘的245尊罗汉，手中所持（如笛子、拐杖）、所结手印皆不相同。罗汉手中所持之物，除了作为罗汉平日修行外，还象征着罗汉的法力。现选择罗汉手持的几个较为典型的物品试以分析。

1.念珠。念珠，又称为"佛珠""数珠""诵珠"。它的含义有去除痛苦、消除烦恼，以获得无上的常乐之果，然后悟得禅味禅境。因此，在众僧坐禅的时候，往往是手持念珠，默念佛号，或是默数念珠，相续不断，即可摒弃一切尘思杂念，日久便可明心见性。所以图中罗汉是身体正坐，头部向左微侧，眼睛看向左边的罗汉，罗汉的左手平抬于胸前，拇指与中指捏着念珠的上部，食指与无名指向手心微微弯曲，右手自然下垂，手指向手心靠拢，托起念珠的下部。

2.如意。如意，又被称为"如意珠""如意杖"，原本是比丘用来搔背止痒的，在佛教中是用来显示威仪、象征吉祥的。但是流传到现代，如意仅仅是在佛教中代表着标识威仪的法器；在世俗中，多是单纯的象征吉祥之意。如西壁前排第十尊罗汉，正襟危坐，双手捧着如意，左手托着如意的底部，右手轻扶如意的中间。（图3，西下左十一）如意的造型古朴大方，颇具装饰意味，又体现出佛家不铺张浪费。

▲图3 手持如意的罗汉

3. 拄杖。拄杖虽然是比丘的随身法器，但并不是每个比丘都可以持有的，佛陀对拄杖的使用做了明确的规定，只有两种情况下可以使用：一是年老无力者，二是身有病痛之人。拄杖也是佛家的教学用具，成语"当头棒喝"便是源自禅宗的"德山棒，

▲图4 手持拄杖的罗汉

临济喝"，用棒喝交加的方式来警告、提醒禅者，使僧人从红尘凡世中猛然觉悟，专心学习。文殊殿后墙东壁后排第九尊罗汉与西壁前排第十九尊罗汉，两者都是手持拄杖，而且二人明显都是年老者，这就符合了佛陀立下的规矩。壁画中的罗汉天灵盖凸起，面色苍老，身体与头部都向左边侧去，罗汉的衣服围于肩膀之下，一只古朴简单的拄杖置于罗汉的手中，罗汉的右手握着拄杖的上部，左手轻轻地搭在拄杖的下边。（图4，东北上左九）

4. 拂尘。拂尘，又称"蝇甩儿""拂尾"。原是用来驱逐蚊虫的器具，后来演变为一种显示佛家威仪的法器。拂尘象征着拂去一切烦恼、障碍和罪恶。后墙西壁后排第六尊罗汉手持拂尘。罗汉正坐，头向右斜视，右手隐于僧衣的袖中，左手执一支拂尘，食指与小拇指微翘。拂尘的甩尾呈波浪状，仿佛刚刚驱走了身旁的一只小虫。（图5，西北上左六）

▲图5 手持拂尘的罗汉

5. 手印。在佛教形象中，对人物手部的刻画非常重视，而且不同的手势有着不同的意义。根据梵语的意译，佛像中各种手势被称为"印相"，或是"手印"，在手印中最常见的是莲华合掌印，结印时手掌相合，十指相贴，置于胸前。莲华合掌印原名本三昧耶印，是我等处胎内之位所结之印。为理智不二自证之性，故名本三昧耶印，是表示最初行法，安于理智不二之性。此乃一说。二说，左手禅定，右手智慧，双手合十为十波罗蜜；三说，左手五指为胎藏界五智，右手五指为金刚界五智，双手合十为十度、十法界、十真如等等。在文殊殿中，后墙

西壁后排第五尊，西壁前排第二十七尊罗汉，都是结的莲华合掌印。

6.乐器。在整个壁画中，有一组手持乐器的罗汉，虽然只表现了一部分，但确是五台山地区唯一表现音乐题材的。北墙西侧前排的第一尊罗汉吹笙，第二十二尊罗汉前有一面小锣置于三角架上，第二十四尊罗汉拿小鼓，东壁第三尊和第六尊罗汉手拿打击乐器。（图6，西下左十五）佛教乐器虽分青庙乐器和黄庙乐器，但都是由打击与吹奏乐器组合而成。文殊殿内的壁画虽然只是局部地表现出了佛教乐器，却是五台山地区现存寺庙中唯一体现这种题材的壁画。它的出现有一定的历史背景，明代多位皇帝崇敬五台山，加上诸王大臣的护法敬僧以及高僧大德的弘法布道，五台山香火特别旺盛，成为中国佛教文化中心，宣讲教义，广纳信徒，因此赞佛、礼佛、颂佛的佛教活动极为兴盛，佛教音乐以其特有的音符、曲调对博大精深的佛教文化艺术加以诠

释，加之"赞佛功德、宣唱法理、开导众心"的功能和启发众生信佛闻法、永离烦恼、同得妙果的教化作用，于是僧人开始参与"佛教音乐"的演奏。文殊殿吹奏佛乐的壁画，为研究明代五台山佛教音乐提供了一份珍贵的资料。

明代，寺院中的壁画趋于世俗化。由于五台山这一佛教圣地的影响，并且佛光寺所处的地势险要，虽然在不同时期受灭佛运动的影响，但是佛光寺还是得到了保护，留存下不少珍品，使我们得以见识当时画作的风采。罗汉像的造型随意生动，符合了当时的审美，受到人们的青睐。罗汉体裁不光是寺庙壁画的重要内容，也是文人墨客喜欢表现的体裁之一。从现在存留的作品不难看出，文人画与寺院画的相互推动，使明代的罗汉像造像样式丰富，手法娴熟、自然，有很强的世俗化、程式化倾向。佛光寺文殊殿的壁画有确切的纪年，极大地丰富了中国佛教绘画史的内容。

▲图6 手持打击乐器的罗汉

参考文献：

[1]楚启恩.中国壁画史[M].北京：北京工艺美术出版社，2003.

[2]柴泽俊.山西寺观壁画[M].北京：文物出版社，1997.

[3]张映莹，李彦.五台山佛光寺[M].北京：文物出版社，2010.

[4]曹厚德，杨古城.中国佛像艺术[M].北京：中国世界语出版社，1993.

作者简介：李秉婧，女，忻州师范学院讲师，主要从事古代壁画研究。

繁峙公主寺水陆画神祇构图及考订

□ 侯慧明

公主寺在繁峙县城东南15公里的公主村，据《德公道行碑铭》称，后魏文帝第四女信诚公主出家后建造，"唐昭宗乾宁三年，有僧名丑丑于寺得一玉石，自持至都，献武则天，赐绢百束，且须置额重兴殿宇。"[1]（p313）。《广清凉传》亦载："繁峙县东南，有一寺，名公主寺，后魏文帝第四女信诚公主所置。年代浸远，尼众都绝。房廊院宇，佛殿讲堂，九女浮图，瓦甓犹在。唐世，有尼童女名丑丑，得一玉石，方圆一尺，文成五色，表里光莹。自持至都，献则天帝，帝赐绢百束，且须后命，志拟置额度尼。丑丑染病而归，既卒，方召不遂其愿。"[2]（p1107）"唐末唯德禅师重修。"[3]（p49）宋金之际，堂殿倾颓，元代至正八年（1348）秋月，德公和尚住锡公主寺，"施工募缘，择选工匠，创建佛殿、方丈、南北行廊、三门"[4]（p315）。明初，公主寺从山寺村迁徙至空如村（今公主村）文殊寺内，弘治十六年（1503）重修。正德二年（1507）《文殊寺铁磬铭文》称其为"文殊寺"，嘉靖三年（1524）《五台山公主文殊寺铁磬铸文》已经称其为"五台山公主文殊寺"[5]（p320）。清初成为五台山塔院寺下院，改称公主寺。清康熙五十二年（1713）、嘉庆二十二年（1817）、嘉庆二十三年曾屡次重修。柴泽俊认为现存寺内建筑毗卢殿和大佛殿为明弘治年间遗构，其余山门、厢房、禅堂、关帝殿、奶奶庙等皆为清代遗存。[6]（p67）

一、公主寺壁画的绘制时间

寺院三进院落，坐北朝南，沿中轴线自南而北为山门，内供毗卢遮那佛，背塑观音菩萨，周十八罗汉；后为大雄宝殿，正中佛坛之上供三佛，造型生动。殿内四壁绘"水陆画"，东壁南上角壁画题记明确载其塑匠、画匠为："真定府塑匠任林、李欣、孟祥、张峰、李珠、赵士孝、敬升、陈义。画匠戎钊、高升、高进、张鸾、冯秉相、赵喜。"根据脊檩"时大明国弘治十六年五月初九吉时上梁"墨书题记，以及"壁画上人物造型、发髻、服饰、色彩、手执器物等特征"[7]（p67），柴泽俊认为壁画应是在塑像完成之前或者是同时完成的，是明代作品。笔者非常赞同这种观点，而且认为壁画的绘制应该就是弘治十六年重修大殿时完成的。笔者考证，壁画榜题中提到部分功德主的名字与弘治十六年大殿东梁下题记中提到的功德主、施主名字吻合，证明大殿上梁与壁画绘制是同一批功德主施钱资助，当然也是同一时间完成的。东壁壁画观音菩萨的榜题中"信士李铠"、大势至菩萨榜题中"胡友仁"、大梵天主榜题"信士李三官人"、帝释天主榜题"杜杰"，这些功德主都出现在《公主寺大雄殿梁记》中，"伏连坊施财善人：李铠……杜杰……胡友仁……李三官人"（以下凡《公主寺大雄宝殿梁记》引文均出自李宏如著《五台山佛教》，内蒙古人民出版社，2005年，第334页）。文殊菩萨榜题"信士李钊"、月宫天子榜题"信士李玺张氏男李记光"，《公主寺大雄殿梁记》载为"作头施财善人……李铠、李钊……□□张氏男李记光"，其中"张氏"前面两字漫漶不清，但应为榜题之"李玺"无疑。西壁弥勒佛榜题"信士女善人韩氏长男孙文和信士女善人王氏长男李钊"，《梁记》载为"伏连坊施财善人：女善人韩氏男孙文和……作头施财善人……李钊……"北极紫薇大帝榜题"信士男善人糜岳"，《梁记》载为"在城施财善人……糜岳"。十二属相神祇众榜题"信士善人张儒信士善人郭子贵"，《梁记》载为"在城施财善人……张儒"等等。壁画榜题施主与大殿东梁题记中施主的很多名字完全吻合，但另一方面因部分榜题和梁下题记文字漫漶不清，只能识别为可能吻合，兹不赘述。《梁记》中的功德主应是主要出资上梁者，壁画榜题中的功德主主要出资绘制壁画，而两项中均出现名字者，甚至壁画中亦重复出现两次者，说明其在上梁和壁画两项事务中均出资，是出资比较多的人。壁画榜题功德主与大殿东梁题记中功德主的很多名字吻合，说明壁画绘制时间与大殿上梁重修时间一致，《梁记》中记载的明确时间"弘治十六年"弥补了壁画上无绘制时间之不足，充分证明公主寺壁画为明代弘治十六年左右之作品。

《梁记》载述详细，提供了关于公主寺重修和壁画绘制的丰富信息。据《梁记》，参与公主寺重修者有来自寺院所在之空如村、附近之姚家庄、圣水村、李牛村、在城、铁家会、西义村、下茹越村、土河口、李家庄、赵家庄、大峪村、高家庄、伏连坊、作头、上梨峪等 15 个村以及五台县的施主，参与者涉及地域范围很广，人数众多，男女信众皆有，也有全家参与者，这说明公主寺在当地影响广泛，辐射到了周边地区。

二、公主寺水陆画东西壁构图及其特点

水陆画是用来配合水陆法会之斋供和僧人日常修持而创制，同时因其常设于大殿之内，对一般信众具有熏染感化的教化意义。"或保庆平安而不设水陆，则人以为不善；追资尊长而不设水陆，则人以为不孝；济拔卑幼而不设水陆，则人以为不慈。由是，富者独力营办，贫者共财修设。"[8]（p114）宋代杨锷认为，水陆法会根源于阿难施食救面然鬼王故事，由梁武帝在天监四年（505）二月十五日创设于金山寺，陈隋两朝其文湮没，至唐代有西京法海寺英禅师从大觉寺吴僧义济处得其仪文，遂在山北寺修设道场。[9]（p580）"阿难施食救面然鬼王故事"最早出于唐实叉难陀译《佛说救面然饿鬼陀罗尼神咒经》。因此，认为水陆法会由梁武帝创制应是杨锷等人的附会，但梁武帝曾于（大同）四年，"幸同泰寺设盂兰盆斋"[10]（p351）。盂兰盆斋源于《佛说盂兰盆经》目连救母的故事。该经宣传，通过施食"佛及僧"就可增福现世父母，救度已亡七世父母。"目连救母"与"阿难救面然鬼王"故事非常相似，都是宣扬佛教的"施舍与救苦"精神。但目连救母的施食对象主要是"佛及僧"，实际上主要是供养僧侣，而阿难救面然鬼王施食的对象主要是"饿鬼"，但实际上也是供养僧侣。"目连救母"主要体现的是一种佛教的孝道思想，而"阿难救面然鬼王"将救度的范围由至亲的父母扩展至一切"倒悬之众"，体现了佛教的慈悲救苦精神。"阿难救面然鬼王"故事在密教经典中被进一步改造，如《瑜伽集要救阿难陀罗尼焰口轨仪经》卷一曰："佛告阿难，汝今受持此陀罗尼法令，汝福德寿命增长，饿鬼生天及生净土，受人天身。能令施主转障消灾，延年益寿，现招胜福，当证菩提。发广大心，普为有情。积劫已来，多生父母、列宿天曹、幽司地府、焰摩鬼界、蜫微蠢动，一切含灵普设无遮广大供养，悉来赴会。"[11]（p469）水陆法会深受密教曼荼罗修法仪式主义的影响，在行法程序步骤、坛场设置、神灵排布分类、咒语使用等方面都深受影响，对于这一问题将另著文阐述，兹不赘述。但密教曼荼罗创制之后，一旦修法完成，就必须毁坏，而唐代以后的水陆道场在仪式完成之后，则保留了部分陈设，甚至为水陆法会专门兴建水陆殿，殿中塑像绘画作为永久陈设，或者开凿水陆题材的石窟。水陆法会在宋代以后，非常盛行，宋徽宗"敕水陆道场内设三清等位"[12]（p419），使大量道教神灵渗入佛教道场。明代水陆法会也很盛行，"洪武三年，郡守戍将，举水陆大会。"[13]（p479）这样的例子不胜枚举，公主寺水陆画就是明代水陆法会的例证之一。

公主寺大雄宝殿内四壁绘"水陆画"，总面积98.99 平方米。东、西、南壁保存较好，只有个别榜题漫漶，北壁中间部分残缺，南壁门东侧毁去一小部分。东壁以卢舍那佛（图1）为中心，西壁以弥勒佛为中心。

▲图 1 东壁卢舍那佛

446

卢舍那佛结跏趺端坐于中央，头饰螺发，顶显高髻，大耳垂肩，耳垂镂空，额头宽隆，脸形方圆，面相丰满，容颜静穆，三道清晰圆润，具有一定的藏传佛教风格。头后饰圆形头光，自内而外由绿、浅绿、两圈波纹、绿、红色6层光圈围绕，外饰火焰纹。上身着豆青色内衬，外披通肩赤红袈裟，坦胸，腰带打结。常服与袈裟自然垂于须弥座之下，身后饰身光，自内而外由绿、白、红、绿、白色6层光圈组成，其中第四重绿色光圈为回字形纹饰连接而成，白色光圈中绘火焰纹。双手结说法印，端坐于高覆莲束腰须弥座之上。一比丘双膝跪于佛坛前，观音、文殊菩萨侍其左侧，普贤、大势至菩萨侍其右侧。外围分别由天藏菩萨和持地菩萨为引路菩萨，率领着各路菩萨、声闻、缘觉、罗汉以及护法诸天、神鬼人伦等部众。整组造像中心突出，主次分明，布局严谨，形象生动，实为我国现存明代佛教壁画佳品。东壁壁画神像具体排布见图2，该图引自熊雯博士绘图[14]（p54），其中存在三处疏误，"四大天王"后缺"众"字，"四海龙王"后缺"众"字，"画匠塑画"为塑画匠题记，并非壁画人物，此处缺"天仙神众"。

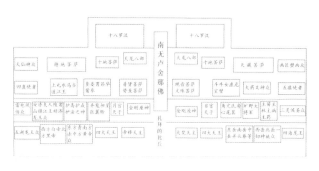

▲图2 东壁壁画榜题示意图

西壁以弥勒佛为中心展开，弥勒佛结跏趺端坐于中央，头饰螺发，顶显高髻，大耳垂肩，耳垂镂空，面形方圆，容颜开朗，头后饰圆形头光，内而外由绿、浅绿、2圈波纹、绿、红色6层光圈围绕，外饰火焰纹。上身着青色内衬，外披通肩赤红袈裟，坦胸，腰带打结。常服与袈裟垂于须弥座之下，身后饰身光，自内而外由绿、白、红、绿、白色6层光圈组成，其中第四重绿色光圈为回字形纹饰连接而成，白色光圈中绘火焰纹。右手结与愿印，左手结触地印，端坐于高覆莲束腰须弥座之上。其形象除手印不同外，与东壁卢舍那佛形象雷同。一比丘双膝跪于佛

坛前，药王、药上菩萨侍其左，宝坛、弥勒菩萨侍其右。外围分别由地藏菩萨和威德自在菩萨为引路菩萨，率领着各路部众。神像具体排布见图3，该图引自熊雯博士绘图[15]（p54），其中存在四处疏误，"十二属相"后缺"神祇众"三字，壁画右下角标"缺"只是题记漫漶缺失，而图像尚清晰。"阎罗王天子"后缺"众"字，"阿利帝鬼子母炬判众"应为"诃利帝鬼子母炬判等众"。

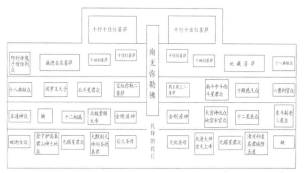

▲图3 西壁壁画榜题示意图

南壁主要绘往古人伦和冥界众生，东侧以引路王菩萨为首，西侧以大阿难尊者为首。（图4、图5）

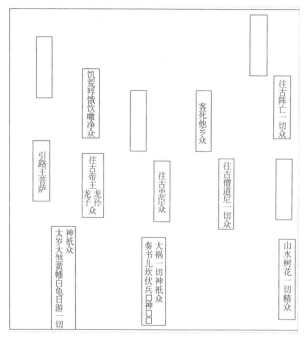

图4 南壁东侧壁画榜题示意图

公主寺水陆画以东壁和西壁为主，相互对应，同一壁面上以主尊为中心左右对称，北壁主要绘制十大明王，南壁主要绘往古人伦和冥界众生。东壁地位最尊，其次西壁，其次北壁，最后南壁。这与密教曼荼罗坛场神灵排布类似。另外一个壁画很重

要的布局特点是，以主尊为中心，不仅在体量上、位置上都突出其中心地位，而且其他神灵都朝向中心。虽然在表象上各组人物似乎是横向排布，但实质上也构成了由内而外由中心向四周扩展的态势。整组造像中心突出，如云笼月，主次分明，布局严谨。

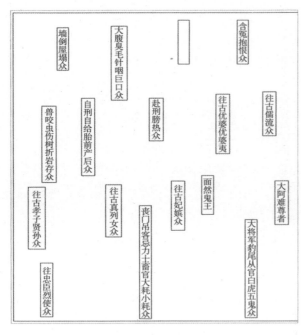

▲图5 南壁西侧壁画榜题示意图

三、北壁十大明王考订

北壁绘十大明王，五位为一组，居于北门东、西两侧，西侧以大力明王释迦牟尼佛为中心，大笑明王虚空藏菩萨、降三世明王金刚手菩萨、无能胜明王地藏菩萨、步掷明王普贤菩萨环绕四周，其中无能胜明王地藏菩萨、步掷明王普贤菩萨榜题清晰，而其余三尊画像榜题漫漶不清，其名称是笔者根据图像特征与佛教经典以及其他地方壁画比较而考订得出的。

明王作为佛、菩萨的教令轮身，现忿怒像，"依二种轮现身有异，一者法轮，现真实身，所修行愿报得身故。二教令轮，示威怒身，由起大悲现威猛故。"[16]（p514）这种思想源于6世纪以后形成的密教金刚部。金刚最初被作为护法，曼荼罗法兴起后被置于曼荼罗的四门及四角，是为八大明王。《佛说瑜伽大教王经》中提到众多的明王，四门四角的八大明王形态已经形成，虽然该经同时也提到了后两位的降三世明王和大轮明王，但并未与八大明王联系在一起。而《佛说一切如来金刚三业最上秘密大教王经》则明确提到了"十忿怒"，表明十大明王体系之形成。《佛说幻化网大瑜伽教十忿怒明王大明观想仪轨经》是根据本经《佛说一切如来金刚三业最上秘密大教王经》而制定的针对十大明王的修行仪轨。《佛说一切如来金刚三业最上秘密大教王经》《佛说幻化网大瑜伽教十忿怒明王大明观想仪轨经》都只是依次观想各明王，未涉及十大明王的位置排布问题，《佛说瑜伽大教王经》提到八大明王的排布，如果将焰鬘得迦明王与不动尊明王的位置调换，则与《天地冥阳水陆仪》中前八大明王的排布方式相同，即"于曼拏罗东门安焰鬘得迦明王，南门安钵啰研得迦明王，西门安钵讷鬘得迦明王，北门安尾觐难得迦明王。复次于其四隅安四明王，东北隅安不动尊明王，东南隅安咤枳明王，西南隅安儞罗难拏明王，西北隅安大力明王。"[17]（p561）《天地冥阳水陆仪》关于十大明王的排布也是按照四门四角以及上下方安排，但在同一平面安排了四门四角之后如何安排上下方，令人费解。《佛说一切如来金刚三业最上秘密大教王经》《佛说瑜伽大教王经》《佛说幻化网大瑜伽教十忿怒明王大明观想仪轨经》提到十大明王的形象则基本一致，《天地冥阳水陆仪》中对十大明王的描述相对比较简单。公主寺北壁巧妙地处理了关于上下方的问题，即将十大明王分为两组，每组形成中心一尊，外围四角四尊，分置东西两侧。但其显然没有按照《天地冥阳水陆仪》的排布分组和安排，已经作了权宜变化。东侧中心为阿弥陀佛，西侧中心为释迦牟尼佛。公主寺明王的位置排布分组从尚且清晰的榜题可以看出其不符合上述各经典提到的"四门四角"的分组形式，因此根据位置显然无法判断漫漶榜题名字，只能根据其形象进行判断。但一般情况下，壁画所绘神祇形象因受到时代环境、画匠水平、地域环境等因素深刻影响，呈现千差万别之态，与经典所载形象大多不能完全吻合，因此，只能根据神祇形象的部分标志性特征加以判断。

北壁西侧中心明王，三面六臂，身黑，青绿色头光，周饰白色火焰纹，黄色团云。怒发上扬，发中现本尊像，白色披帛，红色下裙。左第一手持戟，上缠一金色龙，高举于头顶，第二手持弓，第三手持镲状圆形物，右第一手持剑，高举于头顶，与戟交叉，第二手持箭，第三手持绢索，两腿弯曲，端坐于黑色牛身之上，左侧牛头作温顺昂首状，右侧红色下裙中露出一瞠目呲牙人面。《天地冥阳水陆仪》载："莲乘七步，树下六年，坐乘大力之牛，手结威灵之印，西北方释迦牟尼佛变现愤怒大威德大力明王。"[18]（卷上）因其位于中心位置，乘牛，基本可以判断为大力明王释迦牟尼佛。其左下方明王图像漫漶严重，只能辨识其身黑，青绿色头光，周饰白色火焰纹，黄色团云。怒发上扬，白色披帛。左第一手持金刚铃，高举于头顶，左下绘一呲牙怒目虎头，应是其坐骑。《佛说幻化网大瑜伽教十忿怒明王大明观想仪轨经》卷一曰："大毗卢遮那大金刚如来说此送婆大忿怒明王观想法，吽字为大智，观想化为送婆大忿怒明王，身大青色，以左右二手结于本印，右第二手执剑，第三手执箭，左第二手持般若波罗蜜多经，第三手执弓，此大明王于三界之内威力最胜。"[19]（p587）送婆大忿怒明王即降三世明王，其本印即金刚钩、金刚索，其本尊为金刚手菩萨，根据其左第一手持金刚铃，表示降服，基本可判断其为降三世明王金刚手菩萨。

大力明王释迦牟尼佛左上方明王图像漫漶严重，只能辨识其身白色，青绿色头光，周饰白色火焰纹，黄色团云。怒发上扬，白色披帛。右上手持棒，右下手持剑。"虚空藏菩萨现大笑金刚明王，放灰黑色光明，口现大笑形二牙上出，以左手挂一青棒，右手把绢索。"[20]（p340）"观想化为咤枳大忿怒明王，三面各三目、六臂，顶戴宝冠，冠上有佛。明王垂发，正面笑容，右面黄色颦眉，左面白色忿怒相咬唇，身青云色，日轮圆光。左右二手结于本印，右第二手执金刚杵，第三手执箭，左第二手持般若波罗蜜多经，第三手执弓。足踏莲花，立如舞势。"[21]（p586）大笑金刚明王虚空藏菩萨即咤枳大忿怒明王，手持青棒，身青云色，根据其手持物和身色，基本可判断其为大笑明王虚空藏菩萨。

东侧以甘露军咤利明王阿弥陀佛为中心，不动尊明王除业障菩萨、马首明王观世音菩萨、焰鬘得迦明王文殊师利菩萨、不动尊明王除业障菩萨、大轮明王弥勒菩萨环绕四周，其中甘露军咤利明王阿弥陀佛、不动尊明王除业障菩萨、马首明王观世音菩萨三尊图像榜题清晰，而其余两尊榜题名称及具体位置为笔者考订得出。

甘露军咤利明王右下明王三面六臂，身及头光均为青绿色，周饰白色火焰纹。赤色怒发上扬，深绿色披帛，红色飘带。左第一手持金刚杵，高举于

头顶，第二手与右手合十，置于胸前，第三手持弓，右第一手持剑，高举于头顶，第二手合十，第三手持箭，右腿弯曲，左腿下垂，脚踏夜叉，端坐于黑色青石之上。《佛说瑜伽大教王经》卷二曰："焰鬘得迦忿怒明王，以日轮为圆光，炽盛如劫火。身色如青云，身短腹大。六臂、六足、六面，面各三目，正面开口作大忿怒相，金刚利牙出，外舌如闪电。顶戴阿閦佛。右面出舌，左面咬唇，作忿怒相，顶戴妙吉祥菩萨。右第一手持利剑，第二手持金刚杵，第三手持箭，左第一手持绢索及作期克印，第二手持般若经，第三手持弓。虎皮为衣，以八龙严饰，髑髅为冠，发髻黄色。乘于水牛，饰以莲花为座，而垂右足。"[22]（p566）该明王图像身色为青色，与经典吻合，右第一手持利剑是其标志，其他持物与经典也较为接近，故判断其为焰鬘得迦明王文殊师利菩萨（图6）。

▲图6 北壁东侧焰鬘得迦明王

甘露军咤利明王右上明王三面六臂，身赤色，头光青绿色，周饰白色火焰纹。黑色怒发上扬，深绿色披帛，红色飘带。左第一手持宝珠，第二手持绢索，第三手作叉手状，右第一手持八辐金色轮，高举于头顶，第二手漫漶，第三手持剑，坐于黑色青石之上。"慈氏尊菩萨现作大轮金刚明王，遍身黄色，放大火，右手持八辐金色轮，左手挂一独股金刚杵。"[23]（p340）榜题上之"大"字隐约可见，

再者，右第一手持八幅金色轮，是大轮明王的标志，故判断其为大轮明王弥勒菩萨（图7）。图像具体排布如图8（双框榜题为笔者考订）。

▲图7 大轮明王

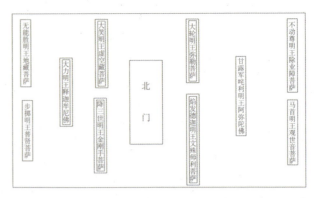

▲图8 北壁壁画榜题示意图

公主寺壁画按照榜题数目计算，东壁41组，西壁38组，北壁10组，南壁东侧14组，南壁西侧17组，共120组，这与《天地冥阳水陆仪》所言"方今仪轨约类乃百二十殊"[24]（卷上）一致；主要神灵包括正位诸佛、天仙、下界神祇、冥府十王、往古人伦、诸灵、孤魂七类，其名号也与《天地冥阳水陆仪》中奉请的神灵名号基本一致；神灵的排布是按照正位神居于东西壁中心以及北壁，逐渐向外扩展，往古人伦、诸灵、孤魂位于南壁。大殿中间的三佛，东方药师佛、化身释迦牟尼佛、西方阿弥陀佛，与东壁的报身卢舍那佛、西壁的未来弥勒佛，法身毗卢遮那佛应是一种相互配合的整体关系。大雄宝殿中塑像与壁画结合，构成了三身佛与三世佛的整体配合，这与《天地冥阳水陆仪》所请正位之佛完全一致。虽然毗卢遮那佛没有出现在大殿之中，但佛教认为其已经存在，"毗卢遮那者，遮那是法身佛，法身无相，表此意，故不悬也"[25]。（p825）更何况公主寺大雄宝殿前面大殿中主佛就是毗卢遮那佛。这种组合在距离公主寺不远的岩山寺明代水陆画中，其北壁上方绘七佛，增加了"一切诸佛"，其余六佛就是三身与三世佛，可能代表"十方三世一切诸佛"。这说明公主寺壁画基本遵循了《天地冥阳水陆仪》之仪轨。公主寺大殿塑像与四壁壁画像相互配合，形成了一堂完整而精美的水陆法会。

另一方面，公主寺水陆画也表现出诸多独特之处。首先，神灵名号与仪轨并不是完全吻合，如宝坛弥勒、药王、药上、五瘟使者、三灵侯、崇宁护国镇军山神、天妃圣母、清源妙道真君等神灵出现在公主寺壁画中，但仪轨中并不见载，仪轨中为十六罗汉而壁画中为十八罗汉。其次，公主寺水陆画改变了一般水陆画"成行列雁式"的规整排布构图，而采用中心突出、层层围绕的构图方式，使整幅壁画主次分明，天堂地狱对比强烈。再次，虚实结合，塑画相宜，使水陆画增添了立体感，共同构成了一堂精美绝伦的水陆盛会。

参考文献：

[1][4][5] 李宏如.五台山佛教 [M].呼和浩特：内蒙古人民出版社，2005，313、315、320.

[2]（宋）延一编.广清凉传.大正藏 [Z].第51册，台北：新文丰出版社，1973，1107.

[3]（清）吴其均.繁峙县志.中国地方志集成·山西府县志辑 [Z].南京：凤凰出版社，2005，49.

[6][7] 柴泽俊，贺大龙.山西佛寺壁画 [M].北京：文物出版社，2006，67.

[8]（宋）宗晓编.施食通览.卍新纂续藏经 [Z].第57册，东京：株式会社国书刊行会，1912，114.

[9] 吕建福，中国密教史 [M].北京：中国社会科学出版社，2011，580.

[10][12]（宋）志磐撰.佛祖统纪.大正藏 [Z].第49册，台北：新文丰出版社，1973，351、419.

[11]（唐）不空译.瑜伽集要焰口施食起教阿难陀缘由.大正藏 [Z].第21册，台北：新文丰出版社，1973，469.

[13]（明）明河撰.补续高僧传.卍新纂续藏经 [Z].第77册，东京：株式会社国书刊行会，1912，479.

[14][15] 熊雯.山西繁峙公主寺东西壁水陆画内容考释与构图分析 [D].北京：北京大学硕士学位论文，2008，54.

[16]（唐）不空译.仁王护国般若波罗蜜多经陀罗尼念诵仪轨,大正藏[Z].第19册,台北:新文丰出版社,1973,514.

[17][22]（宋）法贤译.佛说瑜伽大教王经.大正藏[Z].第18册,台北:新文丰出版社,1973,516.

[18][24]天地冥阳水陆仪[M].美国普林斯顿大学藏本,卷上.

[19][21]（宋）法贤译.佛说幻化网大瑜伽教十忿怒明王大明观想仪轨经.大正藏[Z].第18册,台北:新文丰出版社,1973,586、587.

[20][23]（唐）达磨栖那译.大妙金刚大甘露军荼利焰鬘炽盛佛顶经,大正藏[Z].第19册,台北:新文丰出版社,1973,340.

[25]（明）广莫.楞严经直解.卍新纂续藏经[Z].第77册,东京:株式会社国书刊行会,1912,825.

本文系教育部哲学社会科学青年项目"唐密曼荼罗法研究"阶段性成果,国家哲学社会科学青年项目"山西佛教壁画调查与研究"成果之一。

作者简介：侯慧明,山西寿阳人,山西师范大学历史与旅游文化学院副教授,博士。

公主寺壁画构图研究

□ 李泳佳 李玉福

公主寺壁画场面宏大,画面丰腴,人物众多,其独特性在于它的对称性不仅仅体现在单一的某幅壁画上,而是从宏观到细节均采用对称手法,从公主寺整体到大雄宝殿,再到具体的壁画细节,从建筑构图到人物设置,无一不体现出这种对称性。

一

大雄宝殿殿内四壁皆绘有水陆画,其中东、西两壁画面高度、上宽、下宽、壁画面积、尖部高度、尖部上宽、尖部下宽、尖部面积以及画面人物的数量基本一致。东壁壁画画面高3.15米,上宽7.52米,下宽7.48米,壁画面积为23.63平方米;东壁上尖部高0.75米,上宽4.96米,下宽5.04米,壁画面积3.75平方米。所绘人物分5层42组169身,东壁中心绘卢舍那佛像,结跏趺坐在束腰须弥座上,由下往上第1层,由中间向北侧依次为:帝释天主、四大天王、东方青南方赤中方黄帝众、西方白帝北方黑帝、五湖龙王众;由中间向南侧依次为:大梵天主、四大天王、东岳南岳中岳并从眷等、西岳北岳一切神祇众、四海龙王众。由下往上第2层,由中间向北侧依次为:金刚座神、月宫天子、井鬼柳星张翼轸、护斋护戒护法之神、安济夫人陵萧山镇江王济龙王众、雷电风伯众;由中间向南侧依次为:金刚座神、日宫天子、角亢氐房心尾箕、圹野大将军、主苗主林主病主药、三灵侯圣众。由下往上第3层,

由中间向北侧依次为:普贤、势至菩萨、奎娄胃卯毕觜参、上元水马当过江王、四直使者;由中间向南侧依次为:观音、文殊菩萨、斗牛女虚危室壁、大药剎神众、五瘟使者。由下往上第4层,由中间向北侧依次为:天龙八部、十地菩萨、持地菩萨、天仙神众;由中间向南侧依次为:天龙八部、十地菩萨、天藏菩萨、天仙神众、画匠塑匠众。由下往上第5层,由中间向南、北两侧均为十八罗汉,东、西两侧各9位。

西壁壁画画面高3.16米,上宽7.50米,下宽7.46米,壁画面积23.64平方米;西壁上尖部高0.74米,上宽4.98米,下宽5.06米,壁画面积3.72平方米。所绘人物分5层39组171身,西壁中心绘端坐在八角束腰须弥座上的弥勒佛。由下往上第1层,由中间向南侧依次为:后土圣母众、天猷副元帅翊圣德真君、九曜星君众、崇宁护国真君山神土地众、毗迦女众;由中间向北侧依次为:天妃圣母众、天蓬大帅玄天上帝、九曜星君众、清源妙道真君城隍五道、（缺失）。由下往上第2层,由中间向南侧依次为:金刚座神众、北极紫薇大帝、十二相属神祇众、（缺失）、五通神众;由中间向北侧依次为:金刚座神、天官神祇众、地官水官众、十二宫辰众、东斗副老三星众。由下往上第3层,由中间向南侧依次为:宝坛弥勒二菩萨、北斗星君众、阎罗王天

子众、十八典狱众；由中间向北侧依次为：药王药上二菩萨、南斗中斗西斗星君众、十殿慈王众、六曹判官众。由下往上第4层，由中间向南侧依次为：十回向菩萨、威德自在菩萨、诃利帝鬼子母炬判业众、三司神众；由中间向北侧依次为：十住位菩萨、地藏菩萨、罗刹诸神众、十八典狱众。由下往上第5层，由中间向南侧为：十行菩萨；由中间向北侧为：十信位菩萨。

南壁东梢间画面高2.58米，上宽3.01米，下宽2.99米，壁画面积7.74平方米。画面内容是阿难尊者和其带领的被超度的往古人伦和孤魂。西梢间画面高2.62米，上宽3.04米，下宽3.00米，壁画面积7.91平方米。画面内容是引路王菩萨和其带领的被超度的往古人伦和孤魂。东梢间阿难尊者，带领的众人、鬼面向东壁的卢舍那佛，东、西两幅壁画画面外形形似"凸"字型。两幅壁画分别以高约1米的卢舍那佛和弥勒佛为轴对称线对称构图布局，表现得非常明显。卢舍那佛和弥勒佛四周绘有众多佛、道、儒教中的各种各样的人物、诸神鬼等造型。所有造型皆以两位主佛为中心，围绕主佛分别向两侧展开，层层递进，按照人物的等级、身份的尊卑，分为五层，从而形成了一个类似于百鸟朝凤的诸神礼佛、群仙赴会的壮观场面。

二

细节上，以释迦牟尼为中轴线基准，每幅壁画分别以卢舍那佛、弥勒佛为中心，呈现出对称状态。这种对称不仅是简单的画面对称，而且是深层的人物身份的相互对应。东壁的卢舍那佛造型与一般佛像相同，受密教造型的影响，袒胸露乳，结跏趺坐在须弥座上，肩披赤红袈裟，从左肩垂于座下，身后的背光和项光互相交映，卢舍那佛双手作印，呈说法相。下部正中央有一披袈裟的僧人，呈跪拜状。西壁的弥勒佛造型与卢舍那佛区别不大，区别在于手作"触地印"，下部同样有一僧人跪拜。

以东壁中最下层为例，该处绘有帝释天主与大梵天主。帝释天主所在的部分共绘三人，其中帝释天主位于画面正中心，被诠释成一位雍容华贵的女性形象，她头戴王冠，身后有圆形项光，左手捧着一个花盆，右手拿着一枚天珠。在她身后有两名婢女，一人负责捧花，一人负责持幡。另一组的大梵天主同样位于正中，不过却被描摹成中年帝王的形象，

他头戴通天冠，身着天帝衣，脚踩云朝靴，背后同样有圆形项光。画面中的大梵天主体态端详而又富有动感，右手向前侧伸，手托莲花如意，左手低垂，正在探取盆中的明珠。在大梵天主的周围环绕着一名婢女与男侍，婢女手捧水盆，面容姣好，神态中带着谦恭，男侍则手举宝幡，对称而立。虽然画面内容不同，但是帝释天主与大梵天主的组图之间，却存在着人物身份上的关联与对称。

壁画中的四大天王也呈现出一种对称的姿态。这种对称既表现在不同区域所绘四大天王的遥相呼应，也表现在每一组四大天王的内部。在构图中两边各立两位天王，乍一看形象不一，北方的多闻天王一手拿伞，一手持宝塔；南方的增长天王，手中拿着一柄宝剑，东方的持国天王怀抱琵琶，西方的广目天王则一手抓蛇，一手握宝珠。仔细来看，分立两边的天王仿佛有一种默契，均身披铠甲，形象高大威猛，富有气势，每边都有一位手持一物的天王与手持两物的天王。

还有一组人数较多的神像组图也呈现出较为明显的方位对称，具体表现为东、西、南、北、中所对应的青帝、白帝、赤帝、黑帝、黄帝同东岳、西岳、南岳、北岳、中岳之间的对称。这种对称并非简单地表现为构图中的中心对称，而是更多地表现为一种画面情节的内在连贯与呼应。在画面设置中，东、西、南、北、中各帝位于前端，五岳位于后端，众帝与五岳均着帝装冕服，手持笏板，区别于身后的侍从。在五帝的排位中又分前后两组，前方三帝中，黄帝居中，青帝立于左侧，赤帝立于右侧，后方两帝则为西方白帝与北方黑帝，五帝的形象以袖口颜色作为区分，在对称中又蕴藏着节奏的变化。

与五帝、五岳对称相似的是五湖龙王同四海龙王之间的对称。画面中的龙王形象均为人身，头戴通天冠，手持笏板，穿着打扮十分相似。在构图中，五湖龙王与四海龙王相互映衬，在内容上五湖四海各龙王一同赴会，展现出一种盛况。

再以西壁中的第二层为例。这一层绘有金刚座神，左右两名金刚座神分立佛像两侧，展现出一种最直接的对称感。两位金刚座神服饰相同，均敞开衣襟，肩披大巾，下着白裙，周身缠有璎珞。在神态上，两位金刚座神也同样给人一种森严之感，二人均怒目圆睁，表情略显狰狞，手持金刚杵，背后

有绿光映衬，让人心生畏惧。

此外还有北极紫薇大帝同天官之间的对称。北极紫薇大帝同天官均为帝装冕服，身后追随着一名手持笏板、体态较小的侍者。其余的地官、水官众人散落其周，头戴通天冠，手持笏板，在构图中突出着北极紫薇大帝同天官的尊贵地位。

最后，十二属相同十二星辰之间的对称也是诸多对称中较为鲜明的一组。因人数较多，十二属相与十二星辰均被分为两组，每组各六人。十二属相采用兽首人身的造型，神态各异。而十二星辰则全部佩戴通天冠，手拿笏板，背有白色项光，神态怡然，整齐中蕴有动感。

经过上述分析，公主寺壁画构图应用了两种构图方式，一是轴对称式构图，二是突出中心的构图模式，这种构图方法与石家庄毗卢寺有异曲同工之处。毗卢寺毗卢殿的壁画与公主寺大雄宝殿的壁画同绘于明代。毗卢殿壁画绘有天堂、地狱、人间三种题材，共计122组，508位神祇。毗卢殿北壁以佛教故事为主，以后门为对称线，把地位相当的菩萨或者同一内容的群体分别绘于东北壁和西北壁，形成了对称关系。这与大雄宝殿的构图方式不谋而合。

参考文献：

[1] 柴泽俊 . 山西寺观壁画 [M]. 北京：文物出版社，1997.

[2] 李有成 . 繁峙公主寺壁画 [J]. 文物季刊，1994（4）.

[3] 熊雯 . 山西繁峙县公主寺东西壁水陆画内容考释与构图分析 [D]. 北京：北京大学，2008.

[4] 李玉福 . 论五台山寺庙壁画的审美承载 [J]. 名作欣赏，2015（1）.

[5] 李淞 . 山西寺观壁画新证 [M]. 北京：北京大学出版社，2011.

基金项目：本文为 2014 年教育部人文社科青年基金项目"五台山寺庙壁画研究"项目（编号 14YJC760032）；2014 年山西省社科联重点课题研究项目"五台山寺庙壁画艺术的保护与传承研究"项目（编号 SSKLZDKT2014123）阶段性成果之一。

作者简介：李泳佳，忻州师范学院本科生；李玉福，山东临邑人，山东理工大学美术学院教授，研究方向：中国古代壁画技法与理论。

公主寺壁画审美特质解析

□李玉福

公主寺位于山西省繁峙县城东南的公主村，为全国重点文物保护单位。现存寺庙于正德元年（1506）落架重修，为明代遗物。寺内除具有典型风格的明式建筑外，殿内保存的相对完整的明代彩塑和壁画尤为珍贵。东壁南上隅题记完整："真定府塑匠任林、李钦、孟祥、张学、李珠、赵士学、敬升、陈义，画匠武（戎）钊、高昇、高进、张鸾、马秉相、赵喜。"题记记载了寺内的彩塑与壁画是同时期完成，作者均为真定府专业彩塑家或画家。题记同时从侧面记载了彩塑、壁画宝贵的艺术价值。

壁画内容是典型的古代水陆画，以佛教故事为主，兼顾圣贤神仙、黎民百姓，三教九流融为一体，场面宏大，内容异常丰富：分128组，共计480多个人物形象。主像高大，庄重祥和；诸神神采飞扬，栩栩如生。整个殿内洋溢着浓浓的宗教氛围。东壁以南无卢舍那佛为焦点，绘3层44组共169个人物，主佛高约一米，画面最下层有10组37个人物造型，从北至南依次为：五湖龙王众、西方白帝北方黑帝、东方青南方赤中方黄帝众、四大天王众、帝释天主、大梵天主、四大天王众、东岳南岳中岳并从眷等、西岳北岳一切神祇众、四海龙王众；从下面数第二层为12组49位人物，从北至南依次为：雷电风伯众、安济夫人陵萧山镇江王•济龙王众、护斋护戒护法之神、井鬼柳星张翼轸、月宫天子、金刚座神、日宫天子、角亢氐房心尾箕、圹野大将军、主苗主林主病主药、三灵侯圣众；从下数第三组计10组31位，从北到南依次为：四直使者、上元水马当过江王、奎娄胃卯毕觜参、势至菩萨、普贤菩萨、观音菩萨、文殊菩萨、斗牛女虚危室壁、大药刹神众、五瘟使者；从下数第四层计8组32位，从北到南依次是：天仙众神、持地菩萨、十地菩萨、天龙八部、天藏菩萨、天仙神众。最上层有2组18身，从北到南顺序为：十八罗汉（其中的九位）、十八罗汉（其中的另外九位）。

西壁布局同东壁一致，分5层42组共171身，从南到北依次描绘了毗迦女众、崇宁护国真君山神大地众、九曜星君众、天猷副元帅翊圣德真君、后土圣母众、天妃圣母、天蓬大帅玄天上帝、九曜星君众、清源妙道真君城隍五道、大力鬼王众；从下数第二层12组41身，从南到北依次为：五通神众、太乙真人诸神众、十二相属神祇众、十二相属神祇众、北极紫薇大帝、金刚座神众、天宫神祇众、地宫水宫众、十二宫辰众、东斗三副老三星众；下数第三层有8组39身，从南到北为：十八典狱众、阎罗王天子众、北斗星君众、宝坛弥勒二菩萨、药王药上二菩萨、南斗中斗西斗星君众、十殿慈王众、六曹判官众；下数第四层8组35身，依次为：三司神众、诃利帝鬼子母炬判业众、威德自在菩萨、十回向菩萨、十住位菩萨、地藏菩萨、罗刹诸神众、十八典狱众；最上层有2组12身，从南到北为：十行菩萨、十信位菩萨。

南壁描绘的内容是儒教人物故事和道教鬼神。东梢间绘四层15组60身，最下一层从东到西依次为：太岁大杀黄幡宅龙日游一切神祇众、奏书九坎伏兵金神土符大祸一切神祇众、山水树花一切精众；从下数第二层有5组18身，从南到北依次为：引路王菩萨、往古帝王龙子龙孙众、往古忠臣众、往古僧道尼一切众、九流百家诸士众；从下面数第三层有4组12身，从南到北为：饥荒殍饿歃嗽净众、路遇强人众、客死他乡众、往古阵亡一切众；最上层有3组13身，从南到北依次为：八寒八热哀残众、火焚屋宇残鬼众、水火湮没兵士鬼众；西梢间绘4层17组65身，最下层有3组17身，从东到西为：往古忠臣烈使众、丧门吊客忌力士蓄官大耗小耗众、大将军豹尾从官白虎五鬼众；从下数第二层有5组24身，从东到西依次为：往古孝子贤孙众、往古真列女众、往古妃后众、面然鬼王、大阿难尊者；下数第三层有5组14身，从东到西为：兽咬虫伤树折岩存众、自刑自给胎前产后众、赴刑膀热众、往古尤婆尤婆夷、往古儒流众；最上层4组10身，从东到西依次是：墙倒屋塌鬼众、大腹臭毛针咽巨口众、往古弃离妻子孤魂众、含冤抱恨众；北壁中间绘"六子闹弥勒"，东、西对称各绘五大明王。西梢右上角绘降三世明王普贤菩萨，右下角绘净身明王不空成就佛，左角绘无能胜明王地藏菩萨，左下角绘焰发德迦明王妙吉祥菩萨，右上角绘不动尊明王除业障菩萨，右下角绘马首明王观世音菩萨；中央绘甘露军吒利明王阿弥陀佛。

相对于现存的其他壁画，公主寺壁画所绘内容更显丰富，所含信息量也更大。如金维诺先生所言："全殿壁画内容庞杂，人物众多，仙佛鬼神聚于一堂，儒、释、道三教融于一体。"[1]作者匠心独运，在不足百平方米的墙面上将129组480多位人物绘于壁上，并且做到了神态各异、栩栩如生。大者1米左右，小者0.6米左右，生动再现了佛、道、儒教中的各式人物：佛、菩萨、金刚、比丘尼、僧众、神仙、天地日月、四海龙王、民间众生等，真可谓是宗教人物的"百科全书"。东西壁以南无卢舍那佛、南无弥勒佛为画面的焦点，其他神祇皆分层列于周围，形成了众神礼佛、群仙赴会的宏大场面，画面彰显了一种特有的排山倒海的气势。南壁内容更是离奇而丰富，画面描绘了各行各业的历史亡灵在上方引路菩萨的指引下趋于佛国净土的场面。北壁则以汉化佛教人物弥勒佛（未来佛）为中心展开，弥勒笑容可掬，六童子顽皮可爱，画面描绘了亲情融融的天伦之乐，完全不同于其他三壁森严的宗教气氛。

在布局经营上，公主寺壁画显示了作者独特的内在智性和创造力。首先，作者将壁画和殿内的彩塑巧妙地结合起来，且做到了浑然一体（左侧的药师佛、中间的释迦牟尼佛、右侧的阿弥陀佛，即绘画、彩塑共同组成横三世佛）。就风格而言，绘画、彩塑的造型、设色之法同属一路，真正达到了"绘因塑而真，塑因绘而活"之境。在这里，绘画、彩塑互为依托，相得益彰，彩塑造型生动真切，充满了真实感，填补了观者心中所期望的佛的立体形象的缺憾。同时绘画又以更为丰富的内容延伸了佛国存在的时空距离。二者的相互作用使殿内的宗教气氛自然而然地获得了无限的神秘感，成功营造了一种似是而非却又丰富无限的三维甚至是多维的视觉空间效果。再者，画面的构图大胆采用了传统的左右对称式，作者巧妙地将祥云布于其间。使画面的衔接自然而生动。"各组形象之间不画墨线为界，而以五彩祥云来相互隔离。"[2]人物的整体布局采用了南北对称手法：四大天王、天龙八

部、十八罗汉、二十八宿等等。画面对称式的处理方式产生了一种特有秩序美，一种撼人心魄的气势。立于壁前，使人情不自禁地产生了一种对天国世界的敬畏之感，一种浓浓的宗教情绪。

壁画造型大胆，设色艳丽，是典型的明代壁画风格。造型用线饱满圆润，以兰叶描为主，以铁线描、钉头鼠尾描为辅，同色彩的处理方式一样，行笔大胆，采用夸张手法，生动准确地传达出人物的性格特征。如男性人物的下巴和两腮尽量走向宽绰，须眉的行笔疏朗齐整，追求一种秩序美。人物的服饰排列得相对整齐，处处散发着一种朴拙平实的装饰意味。对于色彩的处理则更多采用了为一般民众所乐意接受的平浅的形式展现，设色趋向具有强烈装饰效果的民间艺术风格。色调以红绿为主调，偏向暖色。技法以平涂为主，大胆采用红绿色，色彩饱和，对比强烈。如东壁的卢舍那佛大面积红色的法衣和绿色底座的处理，红绿对比，一大一小，和谐而响亮。再如东壁最下端的五湖龙王众诸神衣饰（红、绿、黄、蓝）的强烈对比处理。为追求画面的靓丽效果，作者毫不避讳，红、绿、黄、蓝几乎不加调和就平铺直上。相比较金元的内敛性的典雅的青绿色调，公主寺壁画更追求一种热烈奔放的审美情趣。走进殿内，欣赏过经典的彩塑后，猛一抬头，高耸的佛祖，满壁飘动的诸仙突然近在咫尺（公主寺主殿四壁距彩塑距离很小，观者无论在哪个角度都很难总览全壁面貌），撼人的气势逼迫观者潜步后移，等到了视觉习惯观看的距离时，却发现诸神灵是在高高的云端俯望众生灵，满壁飞动的线条、炫目的色彩使观者顿生朦胧之感，身心弥散于佛国与现实之间，难以移步。

五台山公主寺壁画是我国现存明代壁画的代表之作。内容丰富、构图大胆、造型夸张、设色艳丽，均体现了明代社会审美趣味的变化。同卷轴画发展规律一样，公主寺壁画生动反映了明代画坛正进一步走向平民和世俗的审美旨趣。

注释：

[1]金维诺：《寺观壁画艺术典藏——山西繁峙公主寺壁画》，河北美术出版社2001年版，第1页。

[2]李淞：《山西寺观壁画新证》，北京大学出版社2011年版，第179页。

基金项目：本文为山西省高等学校哲学社会科学研究项目资助项目，项目名称为"五台山壁画研究"（项目编号为：20112217）。

明代北水陆法会壁画图式空间表达与审美承载探究

□李玉福

我国现存明代水陆法会壁画的图像与《天地冥阳水陆仪文》中所载神祇多数是吻合的，这一现象表明我国现存明代水陆法会壁画是依据北水陆仪轨——《天地冥阳水陆仪文》而完成的。现遗存的明代水陆壁画主要分布于山西、河北境内。其中以繁峙县公主寺大雄殿壁画、浑源县永安寺传法正宗殿水陆壁画、阳高县云林寺大雄宝殿水陆壁画、灵石县资寿寺大雄殿水陆壁画、洪洞广胜寺弥陀殿水陆壁画、繁峙县岩山寺大雄殿水陆壁画、石家庄市毗卢寺毗卢殿水陆壁画、怀安县昭化寺大雄殿水陆壁画、蔚县故城寺大雄殿水陆壁画等处为代表。现存明代水陆法会壁画强调对称统一、绘塑合一、以"动"取"势"等审美取向的图式空间表达；世俗情怀、装饰化和程式化风格特征的审美承载具有明显的时代特征。

一、水陆法会与水陆画

水陆法会又称水陆会、水陆道场、水陆冥道、水陆无遮斋、水陆斋、水陆佛事、水陆功德、天地冥阳水陆无遮大会等，南宋宗鉴《释门正统》卷四记载："所谓水陆者，取诸仙致食于流水，鬼致食于净地之义"[1]（P261）。可见水陆法会是佛家超度水陆众生的盛会。有关水陆法会的缘起，南宋僧人宗鉴所撰《释门正统》卷四又载："武帝梦一神僧，告曰：六道四生受苦无量，何不作水陆普济群灵？诸功德中最为第一。帝问沙门，咸无知者，唯志公劝帝，广寻经论，必有因缘。于是搜寻贝叶，置法云殿；中夜披览，及阿难遇面然鬼王，建立平等斛食之意，用制仪文，三年乃成。遂于润之金山寺修设，帝躬临地席，诏佑律师宣文。"显而易见，水陆法会的缘起明显是受梵文经典《救拔焰口饿鬼陀罗尼经》中焰口施食因缘的影响。经中的焰口施食中讲，一日夜里三更，面然鬼王找到阿难告知其寿命只剩三天且托生后生于饿鬼之中。阿难惊恐，问面然鬼王有无化解之法，面然即告知：为饿鬼和仙人平等施食增加寿命可化解此难。阿难随后将此事告知佛陀，佛陀随传授阿难具体施食之法，这也就是施食的缘起。随后有唐高宗的法海寺道英禅师"重整兹法""中兴水陆"之因缘。《东坡后集》卷十九载：宋元祐八年（1093）苏轼为亡妻王氏设水陆道场。元代延祐三年（1316）朝廷设水陆大会于金山寺。大明洪武元年至五年（1368—1372）相继于南京蒋山设广荐法会。水陆法会日趋兴盛，以致出现了宗鉴所述的情形："……今之供一佛、斋一僧，尚有无限功德，何况普同供善十方三宝，六道万灵，岂止自利一身，亦乃恩沾九族……所以江淮两浙、川广、福建，水陆佛事，今古盛行。或保庆平安而不设水陆，则人以为不善。追资尊长而不设水陆，则人以为不孝。济拔卑幼儿不设水陆，则人以为不慈。由是官者独立营办，贫者共财修设。"可见水陆法会的传播过程亦是佛教文化和中华传统慎终追远、慈孝行善相互融合的过程。

明末智旭《灵峰宗论·水陆大斋疏》记载："至有宋咸淳年间，有谓金山越王疏，旨专为平昔仕宦报效君宗，未见平等修供之意。挽志磬法师，绩成信义六卷，绘像二十六轴。自宋至明，又历五百余岁，云栖大师依此仪稍事改削，行之古杭……盖由磬公校定后，行于四明，世称南水陆。而金山旧仪，被宋元以来，世谛住持，附会添杂，但事热闹，用供流俗仕女耳目，世称北水陆。"[2]（P11381～11383）《水陆仪轨》版本的传承至明代已形成了南北水陆之分。明末祩宏依志磬《新仪》撰成《法界圣凡水陆胜会修斋仪轨》，当属南水陆仪文，清人仪润依祩宏之意，终编成《法界圣凡水陆普度大斋胜会仪轨会本》六卷，也就是现在流行的水陆法会仪式的手册。近来戴晓云女士发现并整理了散佚藏外的明初刊刻的北水陆仪轨《天地冥阳水陆仪文》（明正德十五年山西文水广报寺释文宝等刻），至此，南北水陆仪轨演化趋向明朗。

水陆画是水陆法会的重要组成部分，是随着水陆法会的发展而逐渐形成的。"水陆法会的举行，正是通过对死者的安抚，给生者以慰藉，从而缓解社会矛盾，消除社会积怨，以达到治国安邦的目的。因此作为水陆道场重要设施的水陆画的意义，并非一般寺庙雕塑壁画所能替代，这就是水陆画历代一直流行的原因。"[3]（P62）现存记载水陆画最早的可查文献资料是北宋黄休复的《益州名画录》卷上，文献中详细地记载了唐代张本南画水陆画的资料："张本南者，不知何许人也，攻画佛道人物，龙王神鬼……本于成都金华寺大殿画明王八躯……府主陈太师于宝历寺置水陆院。请本南画天神地祇、三官五帝、雷公电母、岳渎神仙、自古帝王、蜀中诸庙一百二十余帧。"[4]（P32）在水陆画的演变轨迹中，先后出现了水陆卷轴画、水陆壁画及水陆版画等样式：水路卷轴画如宝宁寺水陆画（山西博物院藏）、山西芮城博物馆、陕西洛川县博物馆、甘肃武威博物馆及青海瞿昙寺均藏有卷轴水陆画；现存水陆壁画代表性的有山西稷山县青龙寺腰殿壁画、繁峙县公主寺大雄殿壁画、灵石县资寿寺水陆殿壁画、浑源县永安寺传法正宗殿壁画、洪洞县广胜上寺西殿壁画、阳高县云林寺大雄宝殿等壁画、太谷县圆智寺大觉殿壁画，河北石家庄市毗卢寺毗卢殿水陆壁画、怀安县昭化寺大雄殿壁画、蔚县故城寺大雄殿壁画亦为水陆壁画中的代表之作；现存水陆版画的孤本《水陆道场神鬼图像》是郑振铎先生得之于梵澄法师的得意藏品，经考订，是明成化年间（1465—1487）所刻之本。我国现存明代水陆法会壁画是依据北水陆仪轨——《天地冥阳水陆仪文》而完成的，属北水陆法会仪轨图像范畴。

二、明代北水陆法会壁画图式空间表达

（一）明代北水陆法会壁画图式空间表达注重对称统一、绘塑合一、以"动"取"势"等审美规律的运用

1. 对称统一规律。这一规律在明代北水陆法会壁画的代表——繁峙县公主寺壁画中运用得最为成功。公主寺大雄殿壁画的总面积为98.99平方米，四壁壁画的图式空间分布采用了传统的对称形式：东壁主尊为卢舍那佛，其下跪一礼佛的沙弥，左右环绕以文殊等四大菩萨为首的诸神祇；近东墙的南壁则绘制了以引路菩萨为首的往古人伦；与东壁相

对的西壁则以弥勒佛为主尊，其形式与东壁几无二致，其下亦下跪一礼佛沙弥，左右环绕以药王等四大菩萨为首的诸神祇；近西墙的南壁与对面呼应，绘制了阿难尊者为首的孤魂场景；北壁两侧左右对称绘十大明王、中间则绘相对轻松的"六子闹弥勒"场景。整铺壁画的绘制追求对称统一的美学风格。主尊佛的绘制依据固定程式，采用了最大化削弱细节强调共性的处理方式：作为绘画主体，东、西两壁的图式构成更是采用近乎翻版式的创作方式。除说法印不同之外，主尊佛无论从造型、服饰、背光甚至打坐的方式均出奇地一致。从主尊佛所处画面位置和所占比例来看，主尊佛和四大菩萨均是画面的中心。特别是东、西四大菩萨的对称处理更进一步稳定了画面的秩序感。整铺壁画充满了超出常规的创意，显示了作者对于变化统一绘画原理独特的理解。在人物的处理上，作者另辟蹊径：譬如西壁上方第一组中的九曜星君众的处理，作者为求画面的左右对称，大胆将其增为十身，以获得左右各五的对称效果。认真对照《天地冥阳水陆仪文》可知，繁峙公主寺大雄宝殿水陆壁画同石家庄毗卢寺毗卢殿水陆法会壁画，无论从图像系统还是具体人物造型，都有着众多的相似性。毗卢寺壁画创作时间约为明代初期，据寺内碑刻《重修毗卢寺记》记载，壁画完成于嘉靖十四年，作者是王淮、张保、河安、安太等人。毗卢殿共有壁画130平方米，同繁峙公主寺一样，在相对狭小的空间内分120多组，绘制了神态各异的500多身神祇。"最初水陆画以佛教诸佛、诸菩萨、诸神为主，唐宋之后，随着儒、释、道三教融合，道教诸神、儒家诸神、民间诸神逐渐进入水陆画，水陆画中所绘的内容也变得十分庞杂。"[5]（P104）壁中神祇均有榜题，四壁绘画以上中下三层分布，下层人物高约1米，中上层人物逐渐减小，三层之间又相互交错，层层相应，浑然一体。画面整体布局和公主寺相仿，均最大限度地采用了对称式处理。毗卢寺北壁被门扇分为东西对称的两部分，内容以帝释梵天图像系统为主。西侧从右至左依次为大轮明王威德自在菩萨等众，东侧从左至右依次为无能胜明王地藏菩萨等。其左右对称布局明显（相对于公主寺大雄殿北壁的处理，毗卢殿北壁的内容更显丰富）。毗卢殿东壁绘南极长生大帝、扶桑——十代名医为主，西壁绘北极紫薇大帝——崇宁护国

真君等为主。东、西两壁遥相呼应、各显神采。南壁经营同公主寺大雄殿南壁如出一辙。南壁东、西两侧和大殿东、西两壁不设隔断连为一体，南壁东侧绘以引路菩萨为首的往古帝王生众，西壁绘以面然鬼王为首的往古圣贤及"九横死"等场景。公主寺大雄殿壁画和毗卢寺毗卢殿壁画的图式空间表达整体采用了对称统一的美学法则，具体处理则通过上中下各层人物间的穿插及各色祥云的照应，力求统一中的变化，且效果显著。

2.绘塑合一规律。注重绘塑合一规律的运用是北水陆法会壁画图式空间表达的又一亮点。这一规律在繁峙县公主寺壁画中表现得尤为突出。佛殿在三间见方的有限空间内，同时供奉了药师佛、释迦牟尼佛和阿弥陀佛三世佛。三世佛中唯有释迦牟尼佛左右塑有阿难、迦叶侍者，为节省空间其他主尊皆省去了侍者。东、西两壁是壁画的主体部分，分别绘主尊佛卢舍那佛和弥勒佛。对比彩塑和壁画，无论从造型方式还是设色特征，二者有着惊人的相似之处。特别是二者色彩的明度、纯度和色调处理近乎一致。如果将朱色从二者中抽离出来会发现，其明度与纯度几乎为同时期的同一种颜料效果。东壁右上角墨框题记为："真定府塑匠伍林、李钦、孟祥、张学、李珠、赵士学、劲升、陈义、画匠戎钊、高升、高进、张鸾、冯秉相、赵喜。"此处墨框的题记和壁上其他墨框的题记笔法相近，明显出自同一人之手。可以推想当时的塑匠和画匠在佛殿空间传达方面一定有着深层次的交流，实际上的客观现状（据笔者实地测量，彩塑底座距壁面最窄处60厘米，彩塑上部距壁面的距离最窄处仅20厘米）也决定了要想取得佛殿最理想的空间效果，绘塑必须合二为一，整体设计。大雄宝殿三世佛彩塑神态祥和、工艺精美华丽，以其特有的宗教气氛向人们暗示了东方琉璃的华彩乐章、现实佛国世界的和谐吉祥及西方极乐世界的快乐安康，彩塑营造了一个三维、圆融、无碍的理想佛国之境。四壁绘画更是彩塑三世佛所营造的具有三维效果佛国之境的成功外拓，其审美追求更显亲民思想。东壁主尊为"圆满报身卢舍那佛"，一般认为卢舍那佛是华严宗的主教，公主寺大雄宝殿将其设为东壁壁画的主尊，从侧面反映了五台山地区华严宗流行的现状。卢舍那佛四周层叠着礼佛的各路圣众。特别是其侍者文殊菩萨，

以朱色绘其身于壁中格外突出，不同程度地反映了五台山地区文殊信仰的普遍性。西壁主尊为弥勒佛，弥勒佛俗称未来佛，在明代由于帝王倡导弥勒下生救世的思想，弥勒信仰很是普遍。"明太祖朱元璋起义时曾利用弥勒教，以信奉弥勒为宗旨。所以弥勒在明代尤为流行。"[6]（P178）相对于理想的东方华彩琉璃世界和西方大同无碍的西方极乐世界，显然即将下世的弥勒佛信仰更接地气，更受当地人们的喜爱（在明代弥勒信仰向着普遍化和世俗化发展，弥勒在民间逐渐演化成了"送子弥勒"和"布袋弥勒"的形象了）。所以作者不惜笔墨，将北壁几乎二分之一的面积绘制了"六子闹弥勒"的场景，可见弥勒信仰在明代的繁荣。观者身处这一绘塑合一的圆融祥和之境中，壁画审美自然会以中间的三世佛为还原对象，使审美进入了具有时空感的三维之境。同时，三世佛彩塑又以四壁丰实的宏阔图像为基础，获得了最大限度的时空外延。

阳高县云林寺大雄宝殿是注重绘塑合一美学原理的另一典范，大殿集雕像、壁画、背光悬塑为一体。其中现存完好的塑像25尊，包括3尊三世佛祖、2尊释迦弟子、18尊罗汉。彩塑保存相对完好，塑造生动自然，特别是佛祖背光的悬塑部分更是精彩：迦楼罗、飞天、伽兰、金刚力士等左右顾盼，各守其位，分布有序。其造型夸张、生动飘逸。大雄宝殿东、西、北三壁皆存壁画，面积约200平方米，所绘人物123组。其中东、西两壁绘帝释梵天、往古人伦等众，分上中下三层排列，每组背后均以五彩祥云为衬，色彩饱满。北壁以门为界，左右对称分为东西两侧，从上到下依次绘佛、菩萨、天王圣众。北壁对面的照壁则构图雄伟，内容以观世音菩萨、文殊菩萨、诸龙王等为主，其中观音菩萨形象高大，突出画面。大殿以三世佛为中心，十八罗汉环顾左右，四壁绘画围绕其间，绘塑合一，完美无缺：①殿内彩塑和壁画的造型、设色风格相仿，体现着内在的统一性；②十八罗汉造型生动、神态可掬。仔细推敲，不难发现，无论诸罗汉动态如何变化最终心思却在中间的三世佛身上，即十八罗汉皆在做倾听状，皆在认真听道学法；③东、西两壁诸神祇的造型多数为四分之三侧身，超过80%的造型是面向中间佛祖的，神情专注，似乎在揣摩佛法的宏深。云林寺另一亮点就是佛祖背光的悬塑部分，佛祖背光以巨型火焰

纹为背景，其间飞天、迦楼罗、力士动感十足，再加以四周回旋上升的火焰，瞬间佛国的崇高被引入大殿的顶部，宗教气氛更显神秘。云林寺对绘塑合一美学原则的运用同公主寺一样成功且水乳交融，闪烁着匠师门充满灵性的智慧之光：立于殿中，观者很容易将四壁绘画中的诸神祇以中心彩塑为还原对象，从而获得更为丰满的审美感受，同时处于中心的彩塑部分又以四壁丰实的绘画内容为媒介，使其营造的三维立体空间得以拓展。最终完成了普度众生的佛国境界的营造。

3. 以"动"取"势"的规律。以行列队伍（人物众多）作行进式的人物表现是水陆壁画的明显特征。为避免人物众多易形成板滞的弊端，明代北水陆壁画多采用了以"动"取"势"的规律处理画面。其中以浑源县永安传法正宗殿水陆法会壁画最为突出。永安寺传法正宗殿是其主殿，殿内留有大型完整的水陆法会壁画。四壁均高 3 米，总长 56 米，合计 170 平方米，壁画内容丰富，融儒释道三教于一体，共绘 822 余身神祇。东、西、南三壁内容相连，以三界九流等礼佛场景为主，共计 126 身。三壁神祇排列有序，分上中下三行。众神祇背后以火焰纹及祥云为衬，其中东壁和南壁东侧衬景为红色和黄色相交的火焰纹；西壁和南壁西侧以五彩祥云为衬。色彩鲜艳，气氛热烈。众神祇左右穿插、尊卑有序，相映成趣。北壁以门板为界，左右对称，绘十大明王，各明王形体健硕，气势撼人。相对于公主寺大雄殿壁画而言，传法正宗殿壁画以动取势的美学原理运用更为突出。①人数众多，行进队伍动势更明显。传法正宗殿所绘神祇总数为 822 身（公主寺约为 470 余身），数量上的优势使得行进中的队伍明显增长，动势也更加明显。②同公主寺大雄殿水陆法会壁画一样，传法正宗殿南壁东、西两侧和东壁西壁间不设隔断，内容相连，气势贯通。这一处理方式从视觉效果上延长了行进队伍的长度，并使队伍动感更强。③所绘诸神祇多做行进状，且趋势一致。传法正宗殿绘画分上中下三行排列，行与行间界线明确，行与行间又巧妙地以火焰纹、祥云纹及玉女长幡等道具连为一体，做到了行行相连、行行相应，整铺壁画浑然一体，气势逼人。壁画所承载的墙壁有限，而绘画所表现的佛国之境则是无限的。

公主寺明代水陆法会壁画图示空间表达的另一

成功之处便是以"动"取"势"的灵活运用。大雄宝殿以三间见方的规模绘制了 470 多身神众形象，却不觉拥挤。其过人之处体现在大雄宝殿四壁绘画巧妙地运用了以"动"取"势"的美学原理，成功地化解了因空间不足而带来的紧张气氛。进入殿内，无论是左转还是右转，观者均被带入一个流动的画面空间内。进门左转是靠近西壁以阿难尊者、面然鬼王为指引的地狱众像的场景：人物造型极尽变化、妙趣横生。画面上下分三组，阿难尊者居中靠前，整个队伍取势西壁的弥勒佛祖，皆作行进状。西壁以弥勒佛祖为中心，上下分四层，左右以文殊等四大菩萨为首，向中央靠拢，各组神祇亦呈行进状。西壁和南壁无阻隔，画面浑然一体，取势明显。进门右转则是以引路菩萨为首的往古人伦朝圣佛祖的场景，东壁以卢舍那佛为中心，左右环绕以药王等四大菩萨为首的众神祇，众神祇取势佛祖，皆作运动状。南壁东、西两端画面和东、西两壁绘画不设隔断，更显整体的运动趋势。以动取势的美学原理在无形中延伸，并拓展了圆融无碍的佛国之境，这是水陆法会壁画自觉并广泛应用这一美学原理的真正原因。

三、明代北水陆法会壁画的审美承载

明代水陆法会壁画在图示空间表达方面自觉地运用了对称统一、绘塑合一及以动取势的美学原理，成功地营造了一个宏远神秘、平等普度的佛国大境。在普度众生的法会中，水陆法会壁画并非只是盛会上的装饰品，也不仅仅为唤起信徒的虔诚之心，而是同水陆法会的仪轨、仪式同样重要的组成部分，从这个意义上来讲，其审美承载更多地凸显了明代的审美趋向。

（一）世俗情怀的体现

随着明代商品经济的发展，市民阶层明显壮大，随着其社会地位及社会影响的不断提升，大众审美要求逐渐影响了当时的文艺领域，同时也波及绘画领域。特别是明中期人本主义思想的泛滥，从台州学派代表人物王艮主张的"人心本自乐，自将私欲傅，私欲一萌时，良知还自觉"，到明晚期张岱的直言不讳："好美婢、好娈童、好鲜衣、好美食、好古董、好花鸟。"这一强调世俗表现的思潮很快波及文艺创作。绘画创作明显出现了趋向世俗题材的创作风气。明代水陆壁画出现了大量的世俗题材画面，如繁峙县公主寺大雄殿南壁西侧，左上角赤身挥扇亲切交谈的壮士及中间靠左的一组庄户人家，人物形态放达不羁，率真自然。与其对应画面右侧分别穿红蓝官服的两位文官亦在行进中聊天，相比前者则动作有度、神态温和。再如石家庄毗卢寺毗卢殿南壁部分世俗场景的描绘、永安寺大雄宝殿壁画、传法正宗殿壁画行进中的平民百姓及灵石资寿寺主殿壁画中的世俗场景，皆真实再现了当时的社会情形。

（二）装饰性及程式化风格的体现

在商品经济的引领下，适合市民阶层、具有平浅装饰风格的画风日趋盛行。此风的盛行自然影响了水陆法会壁画的创作。和前代壁画相比，明代水陆法会壁画的装饰意味更为浓厚：①线条自身的装饰性突出。历代壁画的创作皆注重用线的韵律感和装饰性，明代壁画这方面表现更为突出。繁峙县公主寺壁画、石家庄毗卢寺壁画均为明代初期作品，如将其与现存前代永乐宫壁画及青龙寺元代壁画相比，会明显发现：公主寺、毗卢寺壁画中的云纹、衣纹（云纹和衣纹是传统壁画中重要的因素）等用线相比前者更为繁缛和精细，即装饰感更强。②色彩的装饰性。相比前代作品，明代壁画装饰性特征最为突出地体现在用色方面。色彩艳丽一直是明清绘画的审美追求。明代壁画创作一改前代以石青、石绿为基础柔和的清冷色调，变为以黄、红色为基础对比强烈的暖色调。例如公主寺整铺壁画以黄红色为主调。众神祇间巧用补色对比，使诸色更富张力；云林寺壁画中衣纹、飘带大量使用了不同颜色的彩线勾勒，画面装饰感强烈，韵味十足。③绘画材料的装饰性。明代壁画的创作注重绘画技法和绘画材料装饰性的拓展：镶嵌法、沥粉贴金法、堆金法、描金法、泥金法等装饰性工艺大量引入壁画的创作。程式化风格与装饰性风格总是结伴而行的，历代中国传统绘画把"不即不离，是相非相"与"似与不似之间"作为最高的审美追求，明代壁画作者以自己的慧眼继承并发展了前代这一传统。

"人们自己创造自己的历史，但是他们并不是随心所欲地创造，并不是在他们自己选定的条件下创造，而是在直接碰到的、既定的、从过去继承下来的条件下创造。"[7]（P643）任何创造都不是凭空出来的，明代北水陆法会壁画无论是图式空间表达，还是审美承载方面，均体现出了对前朝优秀传统的传承。明代壁画创造者在强调绘画装饰性的同时，将绘画的程式化推上了另一高度，体现了强烈的民族化和世俗化的创作倾向。

参考文献：

[1] 佛藏要籍选刊（第 13 册）[M].上海：上海古籍出版社,1994.

[2] 蓝吉富.大藏经补编（卷二十三）[M].台北：台北华宇出版社,1985.

[3] 李德仁.山西右玉宝宁寺明代水陆画略论 [J].美术观察,2000.

[4] 郭若虚.图画见闻志（卷二）[M].北京：人民美术出版社,1964.

[5] 谢生保.甘肃河西水陆画简介——兼谈水陆法会的起源和发展 [J].丝绸之路,2004.

[6] 曹厚德,杨古城.中国佛教艺术 [M].香港：中国世界语出版社,1998.

[7] 马克思恩格斯选集（第三卷）[M].北京：人民出版社,1995.

河曲岱岳庙"神人共崇"体系及部分图像考释

□ 武丽敏

众所周知,山西古代的寺观及其美术遗存在全国可谓是首屈一指。在日益引起学术界关注的同时,亦出现了一种现象,即相关的研究主要集中在被公认的艺术成就较高的元、明时期。事实上,山西清代寺观及其壁画、雕塑的存世量是最大的,虽然在总体上呈现出衰微态势,但还是存在个别有一定研究价值的寺观,河曲岱岳庙便是其中一例。

一、河曲岱岳庙述略

山西省河曲县文笔镇东南5公里处有个岱岳殿村,其间有座寺庙名曰"岱岳殿",村、庙同名。庙坐北朝南,南北长65米,东西宽52米,占地面积3380平方米。据《河曲县志》载,该庙始建于金代。[1](p137)从目前庙内所存的九块碑文可知,明清时期均有过不同规模的修葺。

其建筑形制为:中轴线上分布着山门、乐殿、岱岳殿、判官殿;西侧便门内建龙王殿、灵官殿、地藏殿、圣母殿;东侧便门内建关帝殿、岳王殿、玉皇阁、日宫、释迦宫、月宫、包公祠等。在一座并不庞大的庙宇中,林林总总汇集了民间诸神,可谓是岱岳庙的独特之处。

二、"神人共崇"多元结构的信仰体系

我国儒学自唐朝以后,由于深受佛、道影响,存在着严重的宗教化倾向。至明清时,统治者大都信仰佛、道,如明太祖崇奉佛教,可谓"至降极盛";仁宗、宣宗、宪宗、世宗"益道教之崇"[2],至清朝,世祖出家,圣祖自幼习佛,世宗自号"圆明居士"[3](p107)清代诸帝对儒、道、佛均采取的"三教一家"的平等政策,直接导致了"三教信仰"的盛行,各地新建或重修了大量的祭祀场所,河曲岱岳庙应属此列。其明清所重建的诸殿名称就再现了"三教共融""神人共崇"的热闹局面。

(一)东岳大帝——泰山神

河曲岱岳庙的岱岳殿又名天齐殿,亦即正殿,主奉岱岳主神东岳大帝——泰山神。《三教源流搜神大全》曰:"泰山者,乃群山之祖,五岳之宗,天帝之孙,神灵之府也!"[4](p81)从发生的角度看,民众对东岳泰山的信仰远比道教和佛教早得多。正因如此,本土道教将其纳入了道教诸神的行列,谓之冥世之神。在南北朝成书的《洞玄灵宝五岳古本真形图》中如是说:"东岳泰山君,领群神五百九十人,主治死生,百鬼之主帅也。"[5](p735)而当佛教传入中国后,为了能让国人很快接受,也将东岳泰山神列为"泰山府君",是地狱之神。据说,月氏族后裔支谦和尚在翻译佛教经书《八吉祥神咒经》时,即云:"泰山地狱饿鬼畜生道。"[6](p64)由此可看到,无论道教还是佛教,均强调了泰山神主生死的重要职能。因此,历代帝王对东岳泰山神非常重视,如春秋战国时被齐国称为"天齐",即天之肚脐。唐时封王,宋时封帝。[7](p76)因此,它在朝廷祀典中地位很高。

东岳行祠何时遍及天下,清人翟灏在《通俗编(附直语补证)》中写道:"五岳总立庙,自拓跋氏始。唐乃各立庙于五岳之麓。东岳之遍天下,则肇于宋之中叶。"[8](p225)泰山研究院的周郢认为,若以各地东岳庙的创建、发展、影响进行分析,其庙祀传播从时间上可分为三大时段:隋唐、宋元、明清;从空间上可分为三重地域:中原、江南和边疆。[9]这是因为东岳泰山神与中国民间的其他神明一样,随着信仰的发展和影响的扩大,其职司便开始万能化,以满足民众得以全方位庇佑的心愿。当然,中国人"泰山主镇"的观念亦不容忽视,"镇,安也,所以安四方。"[10]因此,泰山也成了镇国、镇州之山。可见,从宋代开始,全国各地兴建东岳行祠,东岳泰山神几乎成了国家和地方的保护神。

在山西,有关东岳庙(祠)的兴建见诸各地的碑刻记载。譬如《山右石刻丛编》卷十二《大宋国忻州定襄县蒙山乡东霍社新建东岳庙碑铭(并序)》载:宋真宗在大中祥符三年(1010)下圣旨,"越

以东岳地遥，晋人然（虽）备蒸尝，难得躬祈介福，今敕下从民所欲，任建祠祀。"[11]（p22）此碑刻于大中祥符九年（1016）。编者胡聘之按语讲到："是碑所载祥符之敕，《宋史》《长编》俱无此文，足补史阙。"看来正是在这一道敕令的作用下，"东岳之庙遍寰宇矣"。正是由于宋真宗大力提倡对东岳神的祭祀，才使得全国各地大量兴建东岳行祠，使其真正发展成了全国性祠庙。

河曲岱岳庙内有碑文记载，该庙始建于皇统元年（1141）即金代熙宗时期，这恰是宋金订立和议，南宋对金称臣之际。事实上，山西境内仅在宋代修建的冠之以岱岳行祠、东岳庙、岱齐庙、天齐仁圣庙等，几乎遍布晋北、晋中和晋南。[12]金代是三晋东岳庙祀繁盛时期，境内现存的东岳庙大都创建或重建于金。可见，该庙的修建是承袭了北宋以来的遗风，亦即上文提及的东岳庙祀传播时段的宋元时期。

明、清两朝，山西的东岳庙祀又有所发展，冯俊杰在《山西碑刻辑考》中列举了诸多例证。[13]河曲岱岳庙内的明正德、嘉靖、万历、清顺治等重修碑刻，就足以说明东岳信仰的源远流长。由于其庙内所存碑刻长期风吹日晒雨淋，碑上文字模糊难辨，无法获悉正确信息。但通过其岱岳殿清代咸丰四年（1854）重绘的清代壁画可以看到，正殿内东、西两壁各书条屏八幅，内容为奉劝世人应以善行为本，说明祸福因果的缘由和死后地府磨难的情景。这充分表明了东岳泰山神掌管生死的"地狱之神"的身份，另一方面，在封建时代依然起到了"成教化，助人伦"的作用。

（二）道教神祇

玉皇阁供奉着玉皇大帝，他在世俗的心目中是中国最大的神祇，是众神之王。唐代诗人韦应物曾有一首学仙诗："存道亡身一试过，奏之玉皇乃升天。云气冉冉渐不见，留与弟子但精坚。"[14]（p89）玉皇大帝即是中国人心目中统御十方三界、四生六道的"老天爷"。民间玉皇崇拜在隋唐两宋时期，已渐渐发展成为中国民间传统的一种民俗活动。[15]在山西，有关玉皇庙的统计见于柴泽俊先生撰写的《山西寺观壁画》一书，明清时期寥寥几座。河曲岱岳庙的玉皇阁虽只是一座小殿，但也足以看到河曲人精神崇拜的特点。

判官殿供奉的是中国传统文化中的冥府判官，在后世的演绎中通常长得凶神恶煞，但绝大部分都心地正直、善良，它判处人的生死轮回，褒善贬恶。龙王殿供奉龙王，其职责就是兴云布雨。其治水之所以成为民间普遍的信仰，一定程度上应与历史上几位皇帝的重视有关。譬如唐玄宗时，诏祠龙池，设坛官致祭，以祭雨师之仪祭龙王；宋太祖沿用唐代祭五龙之制；宋徽宗大观二年（1108）诏天下五龙皆封王爵等。[16]（p219）当然，农耕时代只能靠天吃饭，因此风调雨顺就成为民众最迫切、最朴素的企盼。尤其是在易干旱的山西，龙王庙（殿）可以说无村不有。圣母殿供奉着三霄娘娘，是道教神话传说中财神爷赵公明的三个结义妹妹，即云霄、琼霄、碧霄，为感应随世仙姑正神。其掌管混元金斗，把握人们从生到死的一切命运。当然，和全国其他祭祀女神的殿庙为满足民众"多子多福"心愿而均具有送子功能的情形一样，河曲岱岳庙圣母殿的这三位"娘娘"同样可以"送人子嗣"，因此，当地人也直呼其为送子娘娘或送子奶奶。灵官殿所祀神为王灵官，是道教所奉的雷部、火部天将及护法神，通常镇守道观山门。最早记载这位王灵官事迹的是《三教源流搜神大全》。[17]（p669～670）之后，王灵官受到了明代上层统治者的推崇，然后逐渐在民间传布开来。

（三）佛教体系

日宫供奉观音菩萨，释迦宫供奉释迦佛祖，月宫供奉普贤菩萨，俗称"三宫"。这三座建筑虽以独立的空间出现，但从其排列的形式看，依然符合魏晋以来常见的"一佛二菩萨"组像的类型，只是与常见的"华严三圣"和"西方三圣"不同，释迦牟尼佛祖的两位胁侍菩萨则是观音和普贤。虽然佛教造像有一定的规律，但作为外来宗教，在本土化的过程中被进行一定的修改甚至颠覆（如菩萨由男变女），亦是事实。此外，该庙还有一座供奉地藏王菩萨的地藏殿，虽然并未与"三宫"并置一处，但也基本反映了当地佛教信仰的概况。

（四）圣贤之神

儒家强调"五常立本"。因此，那些历代忠义、圣贤之士便成为民众祭祀和学习的榜样。正所谓"民益知大贤之忠于国者，虽死于不幸，后世必载祠典，严庙貌，奉事尊仰之。如此，皆思勉而为善。"[18]

（p71）河曲岱岳庙中的关帝殿、岳王殿、包公祠分别供奉着圣贤之神关公、岳飞和包拯。被民间尊为"关公""美髯公"的关羽，去世后逐渐被神化，历代朝廷多有褒封，清代崇为"武圣"，与"文圣"孔子齐名。岳王殿中有同治三年的碑刻："岳公忠勇盖天地，威烈震古今，舍身赴义，不为身家计者，不愧列古忠臣之祠，建立神像以表精忠，令岳公身后之名益彰。"建岳王（庙）殿的意义可彰可显。包拯即包公，为官清正，执法如山，铁面无私，不畏权贵。《宋史》曰："拯立朝刚毅，贵戚宦官为之敛手，闻者皆惮之。"[19]（p94）可见在民众心中他是理想的清官形象。关公之"义"、岳飞之"忠"、包拯之"正"，一方面是封建时代所宣扬的精神，另一方面也是中国文化圣贤崇拜的具体体现。

三、岱岳庙圣母殿、龙王殿壁画的图像考释

（一）圣母殿壁画的题材及特征

圣母殿位于庙内西北隅，圣母指的是"三霄娘娘"。此殿的梁枋题记为"大明天启二年（1622）……孙绪贤重修"，其建筑和壁画应均为明代遗物，但壁画在清代进行了重绘。

该殿有关圣母的壁画主要绘制在东壁与西壁，分别题为圣母《巡幸图》（图1）和《回宫图》。每幅长4.33米，高2.2米，总面积18.13平方米。壁画中三位圣母乘龙、麒麟、辇出行，众侍女和女官随从等一行人分别手执宫扇，前呼后拥，青云开路，黄罗伞飘飘然与祥云相接。

▲图1 圣母殿东壁《巡幸图》局部

前有宫娥和女官分执金瓜、月斧、伞盖和日月宫扇开道，后有侍女乘马抱食品、婴儿、嗣盘跟随。圣母头戴凤冠，肩披霞帔，长裳及地，双手捧笏，注视前方。[20]（p139）根据其内容，乃圣母出宫巡幸、降赐的情节。

首先，圣母殿壁画的人物服饰、冠戴、装束和手执器皿以及幡、伞、宝盖、宫扇等应皆为明代样式。譬如：壁画中出现的宫扇为四面云托日月纹长扇，其如意云纹中分别画着日、月，该宫扇及纹样之造型大量出现在明代存世的版画资料中。如明天启年间版本《历代史略词话》、明崇祯年间熊飞馆刻本《孔明上出师表》、明万历《迁銮舆曹操秉政》等。此外也与甘肃兰州金天观中明代初期道教壁画中侍者手执长扇上的图纹基本相同。尤其是其所绘日月为红、白二色，绿色云纹配以蓝底的做法与首都博物馆馆藏明万历《水陆缘起图》中长扇上所绘日月纹可谓同出一辙，由此看出其明代的特色鲜明。同时，联系该殿圣母本为"三霄娘娘"，据说她们之所以炼就了一身好武艺，是因为采集了天地灵气，汇聚了日月精华。因此，宫扇上的日月图案亦是这种传说的佐证。

与明代史书中就皇后服饰的具体规定相对照，壁画中三位圣母的帝后装束显然不完全符合，但她们头上所戴凤冠及身上所穿的大袖衣的确是明代皇后服饰的重要标志。如其身穿的圆领衣与《中国服装史》所引明《中东宫冠服》的黑白插图中的"鞠衣"[21]（p19）相似，属于孝靖显皇后所着的红色"鞠衣"形制。她们头上亦插有凤簪，袖身宽大，几近拖地。据清初人记明季时衣服长短的变化，"谓公私之服，前辈长垂至履，袖小不过尺许。其后衣则渐减短而袖则渐超宽大，有至三尺者……以至于拱手时因袖宽使袖底及靴，作揖时则袖堆于靴上"。[22]（p20）而壁画中圣母双手捧笏、大袖垂地的装束与此描述十分相似。

事实上，明清时期山西境内各类"圣母"作帝后状的壁画和雕塑可谓俯拾皆是。因此在人物形象、画面风格等的表现上就会出现相似之处。如该殿壁画中圣母大袖的边缘饰有锯齿状的装饰带，就与汾阳田村圣母庙壁画的情形非常相似。从目前能够看到的史书记载及皇后画像（即明穆宗孝定皇后和明神宗孝端显皇后）的袖口处理上，均未见有此装饰，

因此推测这应是山西妇女古时服装装饰的一种地方特色吧。

此外，壁画中的女官头戴的幞头样式亦为明代的展脚幞头，这是一种硬裹的巾帽，用铁丝或藤草编成内型的硬壳，再糊绢或罗，并涂上黑漆，外型方而隆起，左右两脚用铁丝制成，并糊漆纱，向两侧平伸或上翘。

就其构图而言，与泰山岱庙天贶殿内的巨幅壁画《启跸回銮图》非常相近。"启"是出发，"跸"是清道静街，亦作停留意；"回銮"即返回之意。壁画由东壁泰山神《启跸图》（即《出巡图》）和西壁的《回銮图》两部分组成，描绘了泰山神——东岳大帝（实则宋真宗）[23]（p22）出巡、回宫的宏大场面。其中宫廷送行、乘辇巡幸、百姓迎驾、宫廷迎候等情节颇为近似。类似的构图还有汾阳田村圣母庙壁画，只是河曲岱岳庙的圣母殿壁画与之相比，少了几许宫廷富贵，更显乡野之风。此现象的出现恰恰传达出一个信息，即古代寺观壁画的粉本不仅存在和流行着，且在不同地域的画师那里还有不同程度的创新和改造。

在西壁《回宫图》百姓送行队伍中，有数位妇女怀抱婴儿，更有一位同时抱着三个孩子。这是因为封建社会几千年来，一直宣扬"不孝有三，无后为大"，许多女子因未生育、无子嗣而被遗弃、遭蹂躏，并被列入"七出"[24]条款，从而成为封建宗法制度对妇女残酷迫害的借口。因此，"多子多福""母以子贵"的思想十分盛行。当然，此图像在表明三位圣母送子主题的同时，也暴露出婴儿形象描绘（或貌似妇人、或身量渺小）的造型缺憾。

圣母殿东、西两壁包括圣母、女官、侍女等形象共五十四身，因清代重画，故笔法较之山西境内同类风格的作品略显平庸，在一定程度上无法再现原作风韵。

（二）龙王殿壁画的云纹特点

龙王殿位于该庙的西轴前隅。其殿身脊桁下侧木板留有"大清咸丰二年（1852）五月十六日辰时上梁大吉"的墨书题记。这是此殿确切的建造时间。殿内塑像、壁画同时制作。南壁装门窗，东、西、北三堵墙上均绘壁画，尚且完好。

其东壁为《行雨图》[25]（p141）（图2），描绘龙王与水府诸神出宫巡幸，见烈日炎炎，禾苗枯死，

遂布降甘霖，旱情大减。壁画场面开阔，雷公、雷母、风婆、雨师巡视其间，各司其职。天空中阴云密布，云海波涛起伏。电闪雷鸣，大雨如注，百姓们喜出望外，连连谢恩。西壁为《回归图》[26]（p142），龙王在水府诸吏的陪同下巡幸回宫，画面上依然流云翻滚，一望无际，宝盖遮护，侍从跟随。年、月、日、时等四时使者在前开道，大有帝王出宫之势。

▲图2 龙王殿东壁《行雨图》局部

东、西两壁的整幅壁画可谓云纹满布，若虫蛇游走，似曲水蜿蜒，又如烟云升腾。缠绵不断的"S"形流线，把各路神祇、官吏很自然地结构在一起，他们仿佛腾云驾雾，从天而降，铺天盖地，整堵墙几乎成为生机盎然的宇宙大气场。

中国是世界上最早进入农耕的民族之一。在长期的劳作实践中，先人逐渐意识到云与雨的必然关系和其对庄稼收成的影响，由此认为"云"与"气"实为一体，且是统一宇宙人生、天地万物的生命本源。于是，云纹就成为"一种极具中华文化特色和民族气派、抽象化、程式化的传统装饰纹样"。[27]（p12）之后，受道家神仙思想的影响，云纹大量出现在春秋战国时期的青铜器和日常工具上，营造的是一种想象中的"仙界"，并在历代的发展中有着不同的造型和表现。在明清的寺观壁画上，各种造型的云纹更是以一种民族的、时代的姿态出现在世人面前。

河曲岱岳庙的龙王殿东、西壁画上的云纹属于清代的叠云纹，这是一种呈面状展开、颇为铺张、繁复的云纹类型。

首先，壁画上的叠云纹是由层叠茂密的勾卷云头构成，加上婉转曲折、流动顺畅的排线构图，在

强调层次感的同时，以面状展开，各路神祇、官吏以半身像的姿态被安排在其中，云雾之上或左右顾盼，或俯瞰下界，视之仿佛浩浩荡荡、扑面而来，立体感十足。

其次，壁画上的这类云纹为了强化其形态的分量感和复杂性，采用的是均匀细密的波折曲线和弧线，有若涟漪般逐层推移扩张，从内到外，同形反复，满铺装饰。这一方面造成了一种层层叠叠的厚度效果，另一方面也产生了一种无限向四周推移的空间感。

同时，壁画在绘制云纹时特别注意了用墨的浓淡干湿，细心处理了云纹造型的黑、白、灰关系，因而使其形象显得厚实而立体。当然，叠云纹本身就属于"整体形态通常包含了多个复合而成的构形单位，而彼此间串联贯通的组合方式自由多样，不拘一格"[28]（p71）。同时又不失自身的和谐与均衡。如结合龙王殿的相关碑刻，便能看到该壁画追求的是清代富丽图案装饰效果的时代风尚。

再有，叠云纹在表现龙王等一行人行动轨迹和其空间移动的一系列行为时，力求把"时间的经过"视觉化，同时，在整体构图上与画面下方留白处所绘的一组世间人物——地方官吏、城隍、土地以及男女老幼、儒生农人等，亦形成了疏密、虚实、黑白等的对比。

（三）圣母殿、龙王殿壁画地域风俗的表现

明清的寺观壁画较之前代愈加呈现世俗化倾向，它们往往真实再现了彼时彼刻人们的生活情状。圣母殿、龙王殿壁画中的有关"庖厨"的题材就形象地反映了河曲当地的饮食习俗。

譬如：圣母殿北壁的画题为圣母《后宫膳房图》（图3）和《宴宾图》。[29]（p139）壁画分三幅。中间一幅原为"三霄圣母"雕塑背面的衬景，上画三把凤头宾座，云气缭绕于座下，两侧花卉艳丽，宫扇分列左右，殿内画塑结合。正墙佛龛东侧和西侧各绘女庖厨六人，正在忙着准备膳食。她们各司其职，围着食案杀鱼，宰鸭，剁肉，捏面桃，蒸花馍，切瓜果、蔬菜，刷洗碗盏，捧茶送水。灶台置蒸笼，炉火通红，一侍女正向火中添加柴薪，执扇煽风，另一位则挽起袖口拿起笼盖查看馒头的蒸制情况。一侧的侍吏捧壶浆，奉碗盏，所有的人都为筹办佳肴忙忙碌碌，人物形象刻画得生动传神，在日常熟悉的劳作中，回眸转侧间极富生活气息。画面中的火炉、多层蒸笼以及茶壶等至今仍为当地人日常所用。而侍女们的装束举止和准备食品的情景，与当地民间习俗甚为相仿，可见该壁画的创作使用的是现实主义手法。

▲图3 圣母殿北壁《后宫膳房图》局部

在此，应关注一下壁画上出现的馒头、发面蒸糕等面食。

众所周知，山西是中国面食文化的发祥地。过去的河曲人，用小麦面做成的馒头除了日常食用，更主要用于各种活动，如满月、婚礼、祝寿、丧礼、求子等。

据相关研究，中国的馒头起源于野蛮时代的人首祭。随着历史的发展，到文明时代，演变为用畜肉馅做成的像人头的馒头来代替人祭。而馒头作为祭品，到明清时仍然流行。明代李栩《戒庵老人漫笔·祭庙馒头》卷一载："祭功臣庙，用馒头一藏。"[30]

缘何用食物来祭祀神灵？《论衡·祀义篇》云："谓死人有知，鬼神饮食，犹相宾客，宾客悦喜，报主人恩也。"[31]（p43）《太平经》也认为，神鬼与凡人一样也需享之禄食，主要靠生人以祭祀的方式来提供。人们以享食神祇多为荣，故《六罪十治决》言："救穷乏不止，凡天地增其算，百神皆得来食，此家莫不悦喜。"[32]（p595）由此可知，该庙圣母殿北壁上的备食情景，不仅是当地民众生活场景的再现，更是对圣母即"三霄娘娘"顶礼膜拜的一种表现。

至于壁画中出现了作为食材的鱼，自然与河曲特殊的地理环境分不开。河曲紧邻黄河，可行船打鱼，如河曲民歌中所唱"打鱼划划渡口口船，妹妹坐上哥哥你扳。"[33]（p65）河曲人既农又渔，祖祖辈辈一直至今。

龙王殿的北壁为殿堂正面，两次间上隅为宫侧膳房，女佣正在蒸食品，做菜肴，提壶浆，忙着为诸仙备餐。案上置有南瓜、西瓜、黄瓜、茄子、苹果之类，又是一幅《膳房备宴图》（图4）。这些自然是供奉神祇之用，同时，也是河曲常见果蔬的呈现。

▲图4 龙王殿北壁《膳房备宴图》局部

那么，作为山西明清壁画的一种程式，我们发现与河曲县岱岳庙圣母殿、龙王殿在北壁绘有表现后宫备食内容相似的，还有汾阳田村圣母庙明代壁画、霍州市圣母庙圣母殿清代壁画等。事实上，早在元代时，山西寺观壁画（如洪洞广胜寺水神庙壁画）上就已出现了《后宫备食图》，其场面、布局、人事活动等与上述几例非常接近。由此可见，后世的画师们在表现这一题材时，一方面参照当地豪门的生活起居，另一方面更是其粉本流传与习俗延续使然。

四、结语

名为"岱岳庙"，却容纳了儒、道、佛数座殿宇，在充分体现明清时代特色的同时，也反映出河曲当地人神灵崇拜的地域特点。圣母殿壁画，其画面的造型和构图等均反映了明代的风格。龙王殿东、西壁画上的云纹形象在整体的造型和布局上透露出特定的时代气息和艺术风尚。同时，圣母殿和龙王殿北壁的"膳食图"，既体现了山西传统寺观壁画题材和构图的特点，又是当地风俗的一个形象记载，从而具有了一定的历史意义和学术价值。

参考文献：

[1][20][25][26][29] 柴泽俊.山西寺观壁画艺术 [M].北京:文物出版社，1997，137、139、141、142.

[2]（明）沈德符.万历野获编·释道·卷二十七 [M].北京:中华书局,1959.

[3] 清史稿 [M].天津:天津古籍出版社,2012,107.

[4]（清）绘图三教源流搜神大全（外2种）（郋园刻本）[Z].上海:上海古籍出版社,2012,81.

[5] 道藏·第六册 [M].北京:文物出版社、上海书店、天津古籍出版社,1988,735.

[6] 转引自钱钟书.管锥编·第一册 [M].北京:中华书局,1979,64.

[7] 栾保群.中国神谱 [M].天津:天津人民出版社,2009,76.

[8]（清）翟灏.通俗编（附直语补证）[M].北京:商务印书馆,1958,225.

[9] 周郢.东岳庙在全国的传播与分布 [J].泰山学院学报,2008,(3).

[10] 钱玄等注译.周礼 [M].长沙:岳麓书社,2001.

[11] 胡聘之.山右石刻丛编·卷十二 [M].太原:山西人民出版社,1988,22.

[12] 白清才.山西寺庙大全·道教篇 [M].北京:经济出版社,2000.

[13] 冯俊杰.山西碑刻辑考 [M].北京:中华书局,2001.

[14] 陈才俊.唐诗三百首全集 [M].北京:海潮出版社,2010,89.

[15] 盖建民.民间玉皇信仰与道教略论 [J].江西社会科学,2000,(8).

[16][17] 吕宗力.中国民间诸神 [M].石家庄:河北教育出版社,2001，219、669～670.

[18] 韩琦.韩魏公集·卷一 [M].上海:商务印书馆,1934,71.

[19] 颜中其.包公传 [M].哈尔滨:黑龙江教育出版社,1986,94.

[21] 华梅.中国服装史 [M].北京:中国纺织出版社,2007,19.

[22] 周锡保.中国古代服饰史 [M].北京:中国戏剧出版社,1984,20.

[23] 俞剑华.岱庙壁画的内容及它的价值.岱庙天贶殿壁画 [M].济南:山东人民出版社,1982,22.

[24]（魏）王萧注.孔子家语 [M].上海:上海古籍出版社,1990.

[27][28] 徐雯.中国云纹装饰 [M].南宁:广西美术出版社,2000,12、71.

[30] 闫艳.古代"馒头"义辩证 [J].南京师范大学文学院学报,2003,(1).

[31] 邵毅平.论衡研究 [M].上海:复旦大学出版社,2009,43.

[32] 王明.太平经合校 [M].北京:中华书局,1960,595.

[33] 中央音乐学院民族音乐研究所民间音乐研究室.河曲民歌采访专集 [M].北京:音乐出版社,1962,65.

作者简介：武丽敏，女，山西孝义人，晋中学院文化生态研究中心、美术学院教授。

从奇禽神兽、仙人舞动、勇士狩猎看北朝人的精神宇宙和往世生活

□张庆捷 张喜斌

▲九原冈北朝墓壁画

2013 年春，在山西忻州市九原冈发现一处北朝壁画墓被盗。山西省考古研究所闻讯后，随即会同忻州市文物管理处，组织人员实地调查，并将调查结果上报山西省文物局和国家文物局。

经文物主管部门批准后，山西省考古研究所与

忻州市文物管理处于当年组成联合考古队，特邀太原市文物考古研究所文保室参加，对该墓进行了抢救性考古发掘。本发掘项目经过 2013 年和 2014 年两个阶段的工作，取得了重要的学术成果，现将主要收获简报如下。

九原冈北朝壁画墓位于忻州市忻府区兰村乡下社村东北约 600 米处，北距范野村 800 米，西距 108 国道 1500 米，是忻州市级文物保护单位九原冈墓群中一座带封土的墓葬。墓室上方残存封土中心点地理坐标为东经 112° 42′54″、北纬 38° 22′39″，海拔高程为 808±5 米。整个九原冈墓群的地势为西北高东南低，呈缓坡状延伸至牧马河。

▲墓葬位置示意图

一 墓葬形制

此墓在地表之上有残存的封土。墓葬形制为带斜坡墓道的单室砖墓，坐北朝南，方向 177 度；由墓道、甬道、墓室等部分组成，南北总长 41.5 米。经钻探，在墓葬周边发现有墓园的围墙遗迹。

（一）封土

残存封土呈不规则圆形，直径 6.5～10 米、高

4.2米。封土用浅黄色粉砂土夹杂红土块夯筑而成，下部夯土质量较好，质地坚硬，夯层厚0.1～0.12米；上部夯土质量较差，夯层厚0.4～0.6米，夯窝直径10、深1.5厘米。在封土西侧发现一个现代盗洞，直通墓室，对墓葬造成了极大破坏。

（二）墓道

斜坡墓道位于甬道南面，平面呈长方形，开口距地表深0.5～0.6米，长31米，上口宽3.3米，底宽2.5米，北端深6.47米，坡度为15°。墓道东、西两壁呈阶梯状，自上而下分为四层，每层台阶向内收0.25米，台面宽0.05～0.06米。以西壁为例，第一层长27.7～31米，最高处1.67米；第二层长15.5～27.7米，最高处1.5米；第三层长12.1～15.5米，最高处1.65米；第四层长9.2～12.1米，最高处1.65米。

根据解剖情况，墓道修筑方法是先开挖长方形土圹，再在东、西两壁自下往上用土坯按一平一顺的方式，各垒砌一道带有台阶的墙，然后在土坯墙上抹1～2厘米厚的草拌泥，之后在草拌泥层上抹0.4～0.6厘米厚的白灰地仗，最后在白灰表面进行绘画。

土坯墙体底部厚1.35米，上部厚0.55米。所用土坯的规格分四种，分别为长45、宽18、厚8厘米；长37、宽16.5、厚8厘米；长33、宽17、厚8厘米；长32、宽20、厚8厘米。墓道两侧壁北部的白灰地仗在其顶端倒卷向原地表，延伸出的部分宽0.3～0.35米，其中西壁倒卷的白灰范围长14.45米，东壁倒卷的白灰范围长15.3米，墓道南部因被耕土破坏，情况不明。

墓道中部填土内和东壁分别发现一个盗洞，都是挖至墓道底部后沿着墓道东壁第三层和第四层进入墓室，东壁第四层的壁画几乎全部被破坏。

▲墓葬平面图

在墓道北侧底部靠近东、西两壁处，发现有20个圆形或椭圆形柱洞。其中西壁下方有11个柱洞，距离西壁0.15～0.3米，最小者直径0.1、深0.15米，最大者直径0.15～0.18、深0.3米。东壁下有9个柱洞，最小者直径0.12、深0.22米，最大者直

径0.15～0.17、深0.25米。这些柱洞可能与当时修建墓道和绘制壁画时所搭脚手架有关。

（三）甬道

甬道位于墓道和墓室之间，平面呈长方形，长3米，宽1.86～1.95米，高3米，墙体厚0.7米。拱形顶，两壁用条形长方砖以三平一竖为一组错缝垒砌，从第四组开始起券。

甬道南端为墓门，原有石质的门墩、门槛、门框、门扉等，门墩和门扉已被盗走，门框被破坏。门框和门槛残块散落在盗坑内，均为石灰岩质。东侧门框残高1.95、宽0.34米、厚0.24米，绘有45个红色乳丁；西侧门框残高1.52米，宽0.38米，厚0.24米，绘有31个红色乳丁。乳丁直径均约2厘米。门槛长1.3米、高0.44米、厚0.25米。甬道南部上方残存有石门楣，立面呈半圆形，下端分别嵌入东、西两侧墙壁内，宽2.03米、高1米、厚0.24米。门楣下方东、西两侧各有一个圆形"凹槽"，直径1.05、深0.07米。门楣东侧浮雕一朵莲花，直径0.18米。西侧莲花被毁。门楣东西两侧各凿有一个方孔，边长0.07米。

甬道北部近墓室处残存有封门墙，用条形砖垒砌，宽0.5米，残高0.42～0.64米。甬道内地面原为条砖铺砌，砖面上抹一层厚0.8～1厘米的白灰，由于盗扰破坏，已凹凸不平。

在甬道前端外壁墓门的门额上方，砌有一道墙壁，暂称为门墙，用砖和土坯垒砌。上部墙体用土坯垒砌16层，高1.55、上宽4.3、下宽4.1、厚0.37米；下部用砖垒砌的墙体高4.97、上宽4.1、下宽4、厚0.32米。此门墙可能是作为影壁，表面白灰地仗上绘制有大幅壁画。与墓道两侧壁的情况相似，此处白灰地仗的顶端也倒卷向原地表。

▲墓道土坯墙后面

▲墓道土坯墙剖面

（四）墓室

墓室砌筑于边长8米的方形土圹内，平面呈弧边方形，穹窿顶，边长5.85米，高8.4米。四壁墙体厚0.45米，用条形砖以三平一竖为一组错缝垒砌，至第九组开始平砌起券。墓室墙体表面原来皆有地仗层，做法与墓道壁相同，其上绘制壁画。墓室地面铺砖为错缝平砌，砖上抹一层草拌泥和白灰。棺床位于墓室西部，平面呈长方形，南北长4.16米、东西宽2.4米、高0.25米。用两层土坯垒砌，其外包砖，床面铺两层条砖，砖上分别抹一层厚1～1.4厘米的草拌泥和厚0.8～1厘米的白灰。棺床中部偏南白灰面上有草席痕迹，偏北处发现彩绘痕迹。墓室所用砖有三种规格，分别为长31.5、宽20、厚3.5厘米；长30、宽15、厚4.5厘米；长27、宽13.5、厚4.5厘米。砖的一面饰绳纹，部分纹样呈规则或不规则的菱形。其中一块砖面上有动物蹄印，直径7厘米。

用条形砖砌筑墓室和甬道，墓室券顶高出原地表1.95米，之后堆土夯实形成封土。墓室建成后，再修筑墓道两侧的墙壁，最后才绘制壁画。

忻州九原岗北朝壁画墓墓门正视图　1：20

▲门墙正立面图

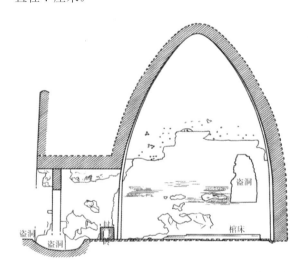

▲甬道及墓室剖视面

墓室西部偏北处发现一个不规则的盗洞，由封土西侧进入墓室。墓室内残存有棺板，其中最大者长2.71米、宽0.44米、厚0.07～0.1米，另一块残棺板上有贴金痕迹。墓室北壁中部墙体被盗墓者拆除，露出墓圹内夯土，夯层厚0.1～0.13米。

墓室内四周的壁画大部分已遭破坏无存，仅残存墓室顶部的星象图，以及东壁上部的三足乌形象和西壁的蟾蜍形象。从墓室填土中出土的壁画残片数量来看，墓室壁画被大面积盗揭的可能性较大。

从解剖情况和盗洞壁面观察，修建此墓的步骤是先从地表向下挖出方形墓圹和长方形墓道，然后

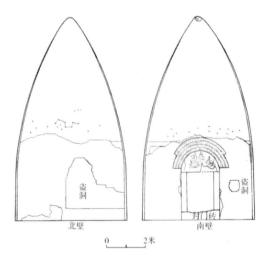

▲墓室内壁剖视图

（五）墓园围墙

为确定该墓葬是否原有围墙等附属建筑，我们对周边区域进行了钻探。在该墓南部距墓室中心约110米处发现了墓园南侧围墙遗迹，残长80余米。经探沟发掘，残存的墙体距现地表深0.6米，残宽1.6米、高0.1米，用硬泥块垒砌而成，硬土块长14～26厘米，厚8厘米。墙体北侧先抹一层厚1～1.5

厘米的草拌泥，再在草拌泥上抹一层厚0.4～0.6厘米的白灰。

▲ 墓园南墙遗迹（东—西）

在围墙附近的探方中出土2件瓦当。1件为莲瓣纹瓦当。泥质灰陶，模制。当心有7个小乳丁，外饰一周凸弦纹，之外由十片莲瓣围成一周，外饰一周凸弦纹。当面直径14.4厘米，当心直径3.3厘米，边轮宽2厘米，厚1.5厘米。另1件为莲花纹瓦当，已残。泥质灰陶，模制。当心有一个圆乳丁，外饰一周莲花和莲蕊。当径15.4厘米，乳丁直径2.5厘米，边轮宽1.4厘米，厚1.9厘米。这两件瓦当与围墙遗迹所处的层位相同，是判断围墙遗迹年代属北朝的重要证据。

▲ 陶瓦当

二 出土遗物

由于墓室多次被盗，出土遗物很少，均为器物碎片。其中陶俑残片最多，其次是陶瓷器皿残片，另有少量陶马、陶猪、陶骆驼等动物模型和陶灶、陶井、陶仓等模型明器残片。

（一）陶瓷器皿

陶瓷器残片很多，已修复的器物包括青釉瓷罐，以及罐、盘、壶、碗、盆等陶器。

青釉瓷罐1件。灰色粗瓷，器表施青色釉。圆唇，矮领，圆肩，弧腹，底微凹。肩部饰四竖系和四横系，肩部和腹部各饰两周凹弦纹，中间有一周"八"字纹，腹下饰水波纹和草叶纹。口径22厘米、底径14.3厘米、高26.8厘米。

▲ 青釉瓷罐

陶束颈罐2件。泥质灰陶，轮制。方唇，侈口，翻折沿，束颈，溜肩，弧腹，平底。器表饰黄彩，颈下饰两周凹弦纹。口径8厘米、底径5.5厘米、高17厘米。另一件器表饰红彩，腹部饰一周凹弦纹。口径8.5厘米、底径5.6厘米、高17.4厘米。

▲ 陶束颈罐

陶盘口罐2件，其中1件残。泥质灰陶，轮制。圆唇，盘口略侈，束颈，溜肩，深弧腹，平底。唇下饰一周凸弦纹，颈上部和腹部饰两周凹弦纹。口径9.5厘米、底径6.8厘米、高21.8厘米。

陶壶4件，其中3件残。泥质灰陶，轮制，器表磨光。圆唇，侈口，细颈，溜肩，腹下部略直，底略凹。颈下一周为凸弦纹，肩部、肩下和腹部各饰一周凹弦纹。口径8厘米、底径6.2厘米、高21.6厘米。

▲ 陶盘口罐

▲ 陶碗

▲ 陶盘

▲ 陶盆

▲ 陶壶

陶盘口壶 1 件。泥质灰陶，轮制，器表磨光。已残，圆唇，盘口略侈，细颈，溜肩。颈部、颈下及肩部各饰两周凹弦纹。口径 10.6 厘米、残高 17.6 厘米。

陶碗 4 件，1 件残。泥质橘黄陶。圆唇，敞口，弧腹，饼形假圈足，凹底。器表磨光，系轮制而成。口径 16 厘米、高 6.8 厘米、足底径 6.4 厘米。口径 14.6 厘米、高 5.8 厘米、足底径 5.6 厘米。

陶盘 4 件，1 件残。泥质灰陶。厚胎，敞口，斜腹，平底，素面，系轮制而成。口径 41.5 厘米、高 5.7 厘米、底径 39 厘米。口径 39.5 厘米、高 5.3 厘米、底径 36.5 厘米。

陶盆 2 件。泥质橘黄陶。圆唇，敞口，弧腹，饼形假圈足，足底内凹。沿下饰一周凸弦纹，内壁和底部饰水波纹，中间用两周凹弦纹间隔。器表磨光，系轮制而成。口径 22 厘米、高 6.7 厘米、底径 8.3 厘米。

（二）陶俑

出土了数十件个体，但没有完整器，多为俑头或俑身。种类包括武士俑、骑马武士俑、文吏俑、侍女俑等。

武士俑头 2 件。泥质灰陶，模制。戴头盔，顶部中间有缨，嘴唇涂红。头高 6 厘米、面宽 3.5 厘米。

残武士俑 1 件。泥质灰陶，模制。戴头盔，顶部中间有缨，嘴唇涂成红色。下半身残缺，上半身也部分残损，身饰白彩，绘有黑色铠甲，系黑色腰带。俑身宽 10 厘米、残高 18 厘米。

▲ 陶武士俑头

文吏俑头 1 件。泥质灰陶。已残，头戴小冠。面饰红彩。头高 7 厘米、面宽 3.8 厘米。

471

风帽俑头 4 件。按风帽样式，可分二型。

A 型：2 件。泥质灰陶。头戴三棱风帽，面饰白或红彩。头高 7.3 厘米、面宽 4.8 厘米。

B 型：2 件。泥质灰陶。风帽顶部两侧突起，面饰白彩。头高 7.5 厘米、面宽 4.3 厘米。

▲ A 型陶风帽俑头　　▲ B 型陶风帽俑头

梳髻女俑头 5 件。泥质灰陶，模制。面饰白彩，嘴唇涂红，头上为黑色发髻，有的可见发髻上贴金。头高 3 厘米、面宽 2.5 厘米。发髻高 1.4 厘米、宽 3 厘米。

带笼冠女俑头 1 件。泥质灰陶，模制。头戴黑色笼冠，面饰红彩。头高 2.6 厘米、面宽 2.2 厘米。笼冠高 2 厘米、宽 3.2 厘米。

▲ 陶武士俑　　▲ 陶文吏俑头

俑身发现多件。头均缺失，残存俑身，可能多数为武士俑。经初步修复，按形体姿态，可分四型。

A 型：1 件。泥质灰陶，模制。身饰红彩，腰系红腰带，右小臂微抬似握有兵器，左手抓握腰带，腿部饰白彩。残高 22.9 厘米、宽 9 厘米、厚 7.5 厘米。

B 型：1 件。泥质灰陶，模制。身饰黄彩，腰系红腰带，两臂下垂，左胳膊微抬，腿部饰白彩，脚穿黑鞋。残高 21.4 厘米、宽 8.5 厘米、厚 7.5 厘米。

C 型：2 件。泥质灰陶，模制。身披红色风衣，右手抓红腰带，左手抓红色剑套，腿部饰白彩，脚穿黑鞋。残高 20.1 厘米、宽 7.5 厘米、厚 6.3 厘米。

▲ 陶梳髻女俑头　　▲ 陶带笼冠女俑头

▲ A 型陶俑身　　▲ B 型陶俑身

▲ C 型陶俑身　　▲ D 型陶俑身

D 型：2 件。泥质灰陶，模制。身饰白彩，系紫色腰带，右手抬至胸前似握有兵器，左手下垂，脚穿红色鞋。身高 15.4 厘米、宽 4.6、厚 3.5 厘米。

盾 16 件。应该属于武士俑所配兵器。泥质灰陶。基本上呈圆角长方形、上下两端中间凸起，周边有一圈凸纹，中间有一圆孔，侧面呈弧形。表面饰红彩，模制，背面有刮痕，长 11.8 厘米、宽 4.6 厘米、孔深 0.4 厘米。

（三）陶模型明器及动物模型

灶 1 件。泥质灰陶。立式灶台，后侧靠板两侧各有三个内收小台阶，靠板中间有一道竖向凸棱，靠板背后有拱形灶门，门上绘有红色火焰。台面有一个火孔，上置一锅。灶台长 5.2 厘米、宽 5 ~ 6.3 厘米、高 3.4 厘米。灶门高 2.6 厘米、宽 1.7 厘米。靠板高 12 厘米，宽 5.6 ~ 9.8 厘米。

井 1 件。泥质灰陶。筒形井圹，井口呈八边弧形，周围有八个圆乳丁。井口直径 11 厘米，井圹深 6 厘米。

▲陶灶　　　　　　　　▲陶井

仓 1 件。泥质灰陶，手制。上宽下窄，上部中间有一个长方形通气孔，顶部为两面坡式，中间有脊，两侧有瓦垄，四角高挑。底长 17 厘米、宽 12.8 厘米、高 28.5 厘米。通气孔长 3 厘米，高 2 ~ 5 厘米。

▲陶仓　　　　　　　　▲陶猪头

猪 1 件。泥质灰陶，模制，残存头部，两耳下垂，口部涂红彩。残长 5 厘米、残高 4.9 厘米、残宽 5.4

厘米。

三 壁画

该墓发现较大面积的壁画，分布于墓道两侧壁、墓门上方门墙表面、甬道内壁和墓室内壁四周。

墓道东、西两侧壁绘满壁画，自上而下共分为四层。两壁相对应的各层壁画尺寸基本相同，题材范围和布局形式也相近，但画面的具体内容有所差别。第一层的画面内容主要表现分布于流云中的奇禽神兽、龙鹤仙人、雷公风伯等；第二层壁画主要有"马匹贸易图""围猎图"等；第三和第四层壁画主要为"出行图"和"回归图"。壁画中各类图像都用细黑线勾边，然后用红色、黑色、白色、蓝色、黄色、紫色诸彩填绘，线条流畅而富于变化，画面灵活生动，背景及人物远近有致。显然画面经过了精心布局。

（一）墓道西壁壁画

第一层壁画，长 27.7 ~ 31 厘米，最高处 1.67 米。主要内容是表现古代传说和神话故事，画面在流云间分布着各种奇禽神兽和仙人。壁画保存状况很差，近墓道口处画面几乎都被挤压成鱼鳞状小碎片，尽管在发掘过程中同时采取了保护措施，仍因破损和缺失严重而不易辨认。离墓道口较远处的壁画保存状况较好。此层壁画中可辨认的仙人和奇禽神兽共 19 个，被云气间隔环绕，动作姿态均朝向墓道口。

第二层壁画，长 15.5 ~ 27 米，最高处 1.5 米。画面上有七组共 19 个人物，描绘的活动场景大致分为"马匹贸易"与"狩猎"两类题材。由墓道口向内，先绘有低矮的土丘，其间有虎熊等动物。其后在山峦之间的一处平地，绘有三组人物。第一组中一人站立，手牵一马，马后站立两位女扮男装者，作挥手交谈状。第二组为一男子牵马，另一男子站立在马身内侧。第三组是一男子牵马，马身内侧站立着两位男子，其中一人肩挎一个胡床。这三组人物的题材相同，均是表现马匹贸易的情景。其后画面是一望无际的山林，丘林之中，又有四组人物，题材与墓道西侧二层的相同，也是围猎活动场景。第一组有三个骑马者，前后相继，手持弓箭长矛，追逐一群动物。第二组是在山脚一片空地，三个徒步军士正在围杀一头熊。两人手持长矛，一人高举长刀。第三组画面中三骑疾冲，骑者均张弓搭箭，驱猎一群动物。第四组是两骑者一前一后，夹击一头立起的大熊。前者握矛，后者举弓。

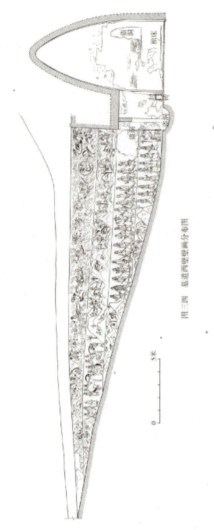

▲墓道西壁壁画分布图

▲墓道东壁第一层壁画"神兽图"

第三层壁画，长 12.1～15.5 米，最高处 1.65 米，主要内容包括山林图和出行图。画面分为两组，第一组描绘的是大片丘林。第二组画面中有 14 个步行的壮年武士，装扮各异，腰挎弓箭，鱼贯而行。

第四层壁画，长 9.2～12.1 米，最高处 1.65 米。

画面共有 7 个人物，都因为盗墓者破坏，仅残余腿部。画面内容可分两部分，靠近墓道口的部分绘有连绵起伏的丘林，其间依稀可见旗帜营寨。后面一部分或可称为"回归图"，因被盗掘破坏，可辨认出的 7 个步行者仅残存腿部，腰佩长刀，朝向墓室方向行进。

▲墓道东壁第二层壁画"马匹贸易图"

▲墓道东壁第二层壁画"步兵猎熊图"

▲墓道东壁第二层壁画"骑马猎熊图"

▲墓道东壁壁画局部

（三）门墙壁画

这部分壁画位于甬道前端墓门上方的门墙表面，

主要是一个彩绘的木结构门楼图，门楼高 3.25 米，宽 3～3.3 米。正面是门楼外景，两侧有墙，墙头露出楼内树木。门楼设三门，较宽的正门分为两扇，较窄的两个侧门则仅见一扇。门前有走道，两侧设栏杆。栏杆内用蓝白两色的方砖铺设地面。正门紧闭，门上中部有两个硕大的兽面铺首，铺首上下有四排32个乳丁。侧门上也有相同的铺首乳丁。两侧门外侧，各绘一位头梳双髻的年轻侍女，短靴短裙，胸前有一半透明的长方形纱状物。侧门半启，内各有两个年轻女子。

▲ 门墙壁画"门楼图"

门楼建筑的立柱、斗拱、额枋、门槛等皆为朱色，斗拱额枋极为复杂。在斗拱额枋间，张挂一层菱形细网，可能是为阻止鸟雀进入建筑内部。该建筑为大出檐庑殿式屋顶，正脊两端是两个向上倒卷的巨大鸱尾，侧脊前面有两个黑色的兽面脊头瓦。正脊与侧脊上，还可见到几个金属瓦钉。瓦垄之间，板瓦和筒瓦排列清楚，筒瓦头上都有黑色阴影，或为瓦当。正脊之上的中间位置，绘制一朵向上的莲花和莲蕾。两旁是两个身形高大的振翅朱雀。屋脊之上描绘的花鸟等皆非建筑构件，估计与葬俗信仰等具有一定联系。

（四）甬道壁画

包括甬道前端门额上和甬道内壁的壁画。门额中部彩绘一只朱雀，口衔草叶，两旁绘着一些云彩和花草图案。甬道内壁两侧的壁画已被破坏殆尽。在甬道内壁顶部绘有一个神兽，挥舞着四肢向下方俯冲。墓道壁画很少使用蓝色，唯独这个神兽大量使用了蓝色。

（五）墓室壁画

墓室内壁四周也有壁画，遭盗掘破坏大部分已无存。壁画原为三层，第一层为星象图，高 4.85 米，

上部保存较完整；下部在东壁残存一个内有三足乌的太阳，西部残存一个内见半个蟾蜍的月亮。第二层为四神图，高为 1.9 米。第三层为牛车鞍马出行图，高为 1.75 米。除顶部星象图外，其余大部分已经被盗取。以东壁为例，下层壁画残存部分高 0.05～0.5 米，中层壁画残留着一只兽爪和身体片段，初步分析，应该为一条龙；下层壁画残留有华盖羽伞的顶部，可能属于墓主人的出行图。在西壁残留有模糊不清的画面，中层是一头虎，下层中心图案似为一人骑一马，前后为随从，南侧有一人肩挎胡床，其余随行人物双脚清晰，腿以上图像模糊。

▲ 甬道顶部壁画"神兽图"

四 结语

（一）墓葬时代及墓主身份

该墓未发现墓志，只能根据墓葬形制、壁画内容和随葬品特征等，对墓葬的时代加以推测。从墓葬形制和壁画的布局等方面看，该墓与河北磁县湾漳北朝壁画墓（墓主据推测有可能为北齐文宣帝高洋）有许多共性，例如两座墓葬中墓道壁画的白灰地仗层都卷向地面，在墓门上方都建有一道门墙。在中原地区，北朝墓葬中修筑门墙的情况还发现有数例，如洛阳北魏宣武帝景陵（报告称为"压券墙"）、河北赞皇东魏李希宗墓、河北磁县东魏茹茹公主墓等，均有高低不等的门墙。该墓中墓道壁画第一层的布局和题材也体现出较明确的时代特征。北魏以降，墓葬壁画中神兽图屡见，在磁县东魏茹茹公主墓、磁县漳湾北朝壁画墓，以及太原地区的北齐东安王娄睿墓、北齐武安王徐显秀墓和北齐顺阳王厍狄回洛墓的壁画中都可以见到。该墓壁画中仙禽神兽的数量和布局，与磁县湾漳北朝壁画墓最为接近。从墓葬的出土器物来看，由于自东魏到北齐时间很短，陶壶、罐、碗和灶、井等模型明器的形制差别甚微，难以反映较准确的时代变化。对比山西、河北等地

的东魏和北齐墓葬，该墓的青釉多系瓷罐见于河北的东魏、北齐墓，太原地区北齐墓葬虽然发现不少，却没有出土过同类多系罐。但从出土的陶人物俑来看，武士俑与太原地区北齐墓的同类器共性较多，而与河北东魏墓所出陶俑共性较少。总体而论，我们初步推断该墓葬的年代应为东魏至北齐早期。

▲大同北魏司马金龙墓出土牵驼俑与陶驼

▲太原北齐韩祖念墓出土的载人载货骆驼

因墓志缺失，墓主人的准确身份暂不清楚。但从墓葬规模来看，该墓的墓道长度和宽度虽小于磁县湾漳北朝壁画墓，但都大于东魏茹茹公主墓以及北齐东安王娄睿墓、武安王徐显秀墓、顺阳王厍狄回洛墓。初步推测墓主人身份显赫，位高权重，应该是东魏或北齐统治集团的一位重要人物。

▲北齐徐显秀墓墓室壁画

▲太原隋代虞弘墓石椁正壁图像

清代道光年间，在忻州九原冈曾出土过一方东魏刘懿墓志，志文称"魏故使持节侍中骠骑大将军太保太尉公录尚书事都督冀定瀛殷并凉汾晋建郑肆十一州诸军事冀州刺史郑肆二州大中正第一酋长敷城县开国公刘君墓志铭"。据此墓志和相关史籍记载，刘懿与高欢是布衣之交和儿女亲家，卒于东魏兴和元年（539）。此次发掘的九原冈北朝壁画墓，与河北磁县湾漳壁画墓相比存在许多共性，墓主人的身份地位可能也与刘懿差不多。但上述刘懿墓志具体出自九原冈何处并不清楚，是否与本次发掘的墓葬存在联系，还需要深入研究和多方面寻找证据。

▲北魏宋绍祖墓随葬器物

（二）主要学术意义

1. 该墓是忻州市发掘的首座北朝晚期墓葬。据《北史》之《尔朱荣传》《刘贵传》等文献记载，北朝后期的秀容郡一带（现今忻州即在其范围内），地方军事力量非常活跃，比如尔朱荣与刘贵，都是当时权倾天下的朝廷重臣，但长久以来，本地区一直没有相关的重要考古发现。该墓的发现，填补了忻州地区北朝墓葬资料的空白。

2. 该墓的建造方法有独特之处，最典型的有三点，一是墓道两侧砌筑土坯墙的做法，反映出古代墓葬营造技术的多样性或地方性差异；二是墓道的白灰地仗倒卷向地面，类似的例子也见于河北磁县湾漳北朝壁画墓；三是在甬道前壁墓门上方修筑门墙、彩绘门楼的做法颇为特殊。北朝墓葬曾发现有修筑门楼和门墙的例子，如陕西华阴北魏杨舒墓的墓门就是一个简易门楼；洛阳北魏宣武帝景陵也有类似一道门墙，发掘简报称为"压券墙"；河北赞皇东魏李希宗墓、磁县东魏茹茹公主墓、磁县湾漳北朝壁画墓也有门墙。北齐墓葬，有的有门墙，有的无门墙。因此推测，此种门墙的源流比较清楚，可能与北朝葬制有关。但像九原冈壁画墓这样修建门墙并在其上彩绘大型门楼的情况还是首次发现，值得深入探讨。

3. 该墓的壁画面积较大，内涵极为丰富，许多题材在同时期墓葬壁画中不见。例如内容丰富的升天图、马匹贸易图、围猎图、大型门楼图以及多种样式的人物服饰等，都是研究北朝社会生活、历史文化和军事制度等方面的珍贵资料。

4. 墓地壁画第一层的"升天图"内容庞杂，似乎自成体系，其中既包含汉代文化因素，例如许多仙人形象，以及御龙飞行、乘鹤升天、驳食猛虎等内容，反映出北朝晚期墓葬文化和绘画艺术的源流承自战国、两汉的神话传说；同时也有较多北朝新元素，例如许多神兽形象，"神兽图"出现于北魏，流行于东魏和北齐时期，所体现的道教因素较多，佛教因素较少。此部分壁画与磁县湾漳北朝壁画墓相近，但各有异同，御龙飞行、乘鹤升天、驳食猛虎、神兽仙禽等壁画题材，反映出北朝人的生死观念和精神世界，是研究北朝葬俗信仰的重要资料。

5. 墓道壁画第二层的"狩猎图"是北朝时期游牧民族狩猎习俗的真实写照，其场面规模宏大，明显不是简单的娱乐或生产活动。结合壁画中隐约可见的旗帜和营寨，推测此类狩猎活动，正是北朝秀容郡一带某些部落通过狩猎练兵的艺术表现，射猎者应该不是普通猎户，而是部落军队成员。即如《北史》之《尔朱荣传》《刘贵传》所记，"围山而猎"，"好射猎，每设围誓众，便为军阵之法，号令严肃，众莫敢犯"。这些壁画内容对研究北朝军队的训练方式和装备情况具有重要参考价值。

6. 墓道壁画"仪卫出行图"的人物形象，与以往发现的北朝武士俑或壁画人物大多服饰整齐的情况不同，更多表现出喜用兽皮服饰的习俗和勇猛善斗的鲜明个性。"武士出行图"中出现的胡人形象，对研究北朝时期胡人在中国的活动情况提供了最新资料。

7. 门墙壁画再现了一座华丽的北朝门楼，所描绘的大出檐庑殿式屋顶、硕大的鸱尾、形制特殊的瓦钉、结构复杂的斗拱、重叠的额枋、带铺首的三门、栏杆花墙、彩色地砖等，均是研究该历史阶段建筑形式的珍贵资料。

8. 北朝时期存在邺城、长安、晋阳等几个大的政治文化中心。此次忻州大型壁画墓的发现，表明当时墓葬壁画在不同地区具有不同源流和特点，同时也加深了对当时晋阳地区民族汇聚状况和文化分布范围的认识。

九原冈《升天图》与南北朝《山海经》图像

□ 渠传福

《山海经》研究作为一个文化热点课题，已经持续了相当长一段时期。众所周知，《山海经》有图有文，互为表里。历代注家和研究者对《山海经》古图的推测，大致可归纳为禹鼎说、地图说、壁画说和巫图说四种。

有学者指出："《山海经图》再现了中国民族童年的梦。神话是人类童年的梦，是人类走出混沌的第一声呐喊，是人类从自然走向文明所采摘的第一批果实。神话是民族生命力的源泉，是民族文化的根，是民族精神之所在。"更有人将其称为中华文化的"密码"。

历代学者的研究汗牛充栋，公认了一个令人悲哀的结论：到两晋后，郭璞和陶渊明所见的《山海经》古图已经全部亡佚。

其实未必，《山海经图》余绪尚存：郭璞之后200年，南朝梁张僧繇于6世纪初曾绘制《山海经图》十卷；唐初，裴孝源《贞观公私画史》中记录有《畏兽图》，应与《山海经图》有关；到唐末，《山海经图》和《大荒经图》已被张彦远《历代名画记》视为"古之秘画珍图"了。宋咸平二年（999）舒雅据张僧繇之残本重绘《山海经图》十卷。到南宋姚宽（1105—1162）《西溪丛语》说："《山海经（图）》《大荒经（图）》……此书今亡矣。"至此，《山海经》古图亡佚终于盖棺论定。

考据学派兴起，贡献丰富，唯于《山海经图》考证，虽着力不少，但多属闭门造车。目前所见明清时代的多种《山海经图》版本，以及日本学者的山海经《怪奇鸟兽图卷》大行其道，即其流风余韵。

当代《山海经》学界许多人在此基础上，继续经营。更有不少画家浓墨重彩，描绘出若干套《山海经》异兽图集，也算别开生面。

有鉴于此，《山海经》学界的领军人物，喊出了"寻找失去的另一半"的口号，决心另辟蹊径，重新审视考古学成果，"从保存至今的《山海经》同时代的帛画、漆画、铜器上的针刻画入手，探寻已经失落了的山海经古图的人文特色与风貌。"从源头上追寻《山海经》古图像，以期续接《山海经图》的传承，可敬可佩。

然而，他们可能囿于古代先贤的定论和思维定式，似乎忘记质疑《山海经图》"两晋亡佚论"是否无懈可击？如此一套极大地影响中国文化的巨著尤其是图像，可能在动乱年代受到重创乃至毁灭，但有可能干净彻底地无影无踪吗？考古出土的一些南北朝古图像是否与《山海经图》有关？

为了勘明中国社会对《山海经图》传承，同样是依据考古资料，如果说《山海经》学界是想从"亡佚前"追寻源头，本文则试图从"亡佚后"寻找其流变，想来应该可以殊途同归。

九原冈《升天图》的出土，给了我们探讨这一课题的契机。

一、《山海经图》"两晋未亡论"

历代学者所谓《山海经图》于两晋亡佚的结论，应该指的是作为官私庋藏的"图书"（绢帛书、画）而言。而其他载体的《山海经》图像，譬如在殿宇壁画、墓葬壁画、砖石铭刻和各类艺术品上，是绝不可能完全消失的。但历代学者将这个结论扩大化了，一般认为两晋之后就见不到《山海经》图像了。现代考古学的成果，是古代学者无法想象的。从这个意义上，我们可以说《山海经》图像并没有亡佚。

晋郭璞曾为《山海经图》作赞，陶渊明曾"流观山海图"，作《读〈山海经〉》诗，留下"精卫衔微木，将以填沧海。刑天舞干戚，猛志固常在"等名句，故晋代《山海经图》存在无疑，至少那些神怪异兽图应该是可以构成体系的。或者可以认为，郭璞陶渊明时代《山海经》的山川地理图（地图）已经消失，他们所谓的《山海经图》，可能就是一套神怪异兽图了。而这些神怪异兽图像，也应该广泛流行于社会的各种文化领域，包括祭祀、庆典、仗仪和装饰等等。

　　有鉴于此，我们可以尝试从两晋之前和之后的考古材料对比中，推断郭璞、陶渊明时代神怪异兽图像的大致模样，同时也可以看到《山海经》图像的传承和发展。

▲南朝 画像砖

▲汉 画像石上的蚩尤

▲南朝石刻 畏兽

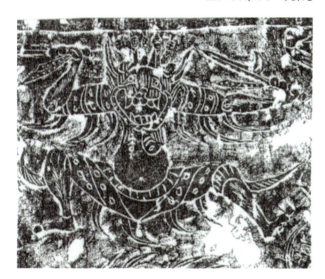

▲南朝 画像砖上的蚩尤

▲北朝石刻 畏兽

　　《山海经》神怪图像中，有一个始终存在的经典"人物"——蚩尤。

　　《山海经·大荒北经》说蚩尤作兵攻伐黄帝，黄帝令应龙迎战，双方在冀州之野大战，蚩尤兵败被杀。这个失败的战神，在古代丧葬仪式中常请它来镇守墓穴。蚩尤在汉画像石的形象，全副武装，凶猛狰狞。越两晋到南北朝时，肩部似乎出现火焰，四肢生出飞羽，武器减少，逐渐有了稍后"畏兽"的模样。到南北朝晚期，明显明确可判定为蚩尤的图像消失了，类似蚩尤的"畏兽"大量出现。

河北湾漳村北齐壁画墓

▲北朝壁画 畏兽

479

▲ 北朝壁画 畏兽

▲ 北朝壁画 畏兽

畏兽之名，出自晋郭璞《山海经图赞》："列象畏兽，凶邪是辟。"是指《山海经》记载中令人恐惧的怪兽的总称。到南北朝时期，一种半人半鸟兽的神怪动物形象在考古发掘中大量涌现，考古界对这些怪兽称呼各别，有"神兽""怪兽"和"方相氏"等等，不一而足，也有一些研究者借用了郭璞的"畏兽"称呼。畏兽一般专指南北朝时期具有"镇墓辟邪"功能的焰肩怪兽，其意义略同于中国古籍中"黄金四目玄衣朱裳"的"方相氏"。其形象来源，既有如前所述汉魏传统之蚩尤，又有中亚粟特文化大举东来的美术背景，目前尚难以梳理清楚，借用"畏兽"名称也应是暂时性质的。

▲ 汉画像石 四灵

▲ 东汉画像石 龙与虎

四神亦称四灵，这个群体似乎与《山海经》联系不大，但作为个体的青龙、白虎、朱雀和玄武，却是《山海经》异兽形象的常客。从汉代四神到南北朝四神，载体材料有了变化，技法由粗疏到细腻，但基本造型和气质神韵一以贯之，两晋《山海经图》四神个体模样，应该可以想象得出来。

▲ 南朝画像砖 四神 青龙白虎

▲ 南朝画像砖 四神 朱雀（凤凰）玄武

▲ 北朝壁画 青龙

再看"仙人骑龙"，虽然未必与《山海经图》有直接关系，但秦汉以来的神仙信仰，无不与神话传说相互关联，使得这种图像在魏晋南北朝经久不衰。将其视为《山海经》同一体系的社会应用图像，并非牵强附会。

▲ 汉画像石 仙人骑龙

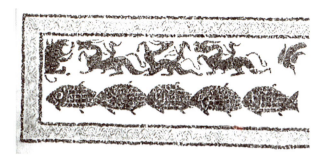

▲ 汉画像石 仙人骑龙

汉代仙人骑龙的图像，虽显稚拙，但构图造型已确定，与后世图样相差无几。到南北朝，仙人骑龙的图像显得更加精致与华美，期间的两晋图像可以想见。

▲ 南朝画像砖 仙人骑龙

▲ 南朝画像砖 仙人骑龙

▲ 北朝石刻 仙人骑龙

还有许多的人物和神怪形象可资对比，恕难一一罗列。从造型到风格可以说是一脉相承，只是视觉上更加美化，技艺上更加成熟。这说明作为图书的《山海经图》亡佚了，而社会生活中的《山海

经》美术图像，始终在传承并发展着。凡此种种，无不表明，《山海经图》的亡佚，绝不等于《山海经》图像美术的终结和消亡。

二、九原冈《升天图》与《山海经》神怪图像

九原冈《升天图》成批量地发现了明确属于《山海经》的神怪图像。作为忻州九原冈北朝大墓的发掘者，我们最初并没有意识到这一点。真正认识到其中所蕴含的学术价值，是两年以后的事。

九原冈北朝大墓壁画是由一个团队的不同画师共同完成的，第四层《升天图》是其中绘画水平最高的一部分，有 50 多个各色神怪，被认为是东魏北齐绘画美术的巅峰之作。

到目前为止，我们已经辨识的《山海经》神怪异兽，还只是一部分，还有相当数量的有待确认。请先来认识一下这些在《山海经》中耳熟能详的神兽。

▲ 九原冈壁画中的"駮"

駮：出土于《升天图》西壁，肩生飞翼，口衔幼虎，奔跑姿态矫健优雅。《山海经》说它："其状如马，其音如鼓，其名曰'駮'，专食虎豹，可以御兵。"古人认为它的出现，意味着息弭刀兵，制止战争。

▲ 九原冈壁画中的"强良"

强良：出土于《升天图》东壁，一头人形半蹲怪兽，

481

血盆大口，正吞食一条斑点蛇，蛇身后半挣扎半缠绕在怪兽的右臂之上。《山海经》说："大荒之中，有山名曰北极天柜，海水北注焉。……又有神衔蛇操蛇，其状虎首人身，四蹄长肘，名曰强良。"

▲九原冈壁画中的"风伯"

风伯：出土于《升天图》东壁，是一裸体神人，仅着"丁字裤"，长发后飘，右手攥一口袋，向前狂奔。《山海经·大荒北经》说，蚩尤作兵伐黄帝，请风伯雨师，纵大风雨。根据资料，善于奔走开道的"风伯"（亦称飞廉）到南北朝时，已成为中国神话的主要神祇之一。

▲九原冈壁画中的"雨师"

雨师：出土于《升天图》西壁，画面是一兽身蛇尾的怪龙，龙额头有一角，鼻头又生一角，口衔瑞草，臀有火焰宝珠；龙背蹲踞一赤身鬼面神人，双手捧一水瓶于龙首之上，应该就是与"风伯"对应的"雨师"了。

雷公：出土于《升天图》西壁，奔跑中一手引连鼓，一手持椎击。雷公之名出自《楚辞》，亦称雷师，《山海经》称雷神，有多处记载，说雷神是"龙身而人头，鼓其腹"，是为兽形；王充《论衡》所述汉代雷神

则是人形："若力士之容，谓之雷公。使之左手引连鼓，右手推椎，若击之状。其意以为雷声隆隆者，连鼓相扣击之音也。"干宝《搜神记》称雷神"色如丹，目如镜，毛角长三尺，状如六畜，似弥猴"，雷公又变演为兽形。此雷公图像，动作与道具为汉代制度，其形则不似猕猴，形貌神态一如其他南北朝"畏兽"，亦曾见于东魏茹茹公主墓和北齐娄睿墓。

从美术源流上考察，这些畏兽明显地含有中亚祆教艺术的因素。关于"诸畏兽"的名称，据北魏正光三年（522）冯邕妻元氏墓志边侧和盖面的畏兽图像和阴刻榜题，目前已知有十八个，分别为：啮石、护天、发走、挟石、挠撮、掣电、欢憘、寿福、长舌、捬远、回光、攫撮、乌攫、礔电、攫天、唅嚧、拓远、拓抑。似乎自成体系，功能各别。我们目前虽然尚不知道这些名称的来龙去脉和实际意义，但可以认定它们是属于一个系统，艺术造型明显区别于魏晋其他神怪图像。到了唐代，裴孝源《贞观公私画史》中记录有《畏兽图》，基本可以肯定，其形象或者就是我们现在描述的南北朝"畏兽"了。

九原冈《升天图》十数个形象大同小异的畏兽中，亦应各有其名，但目前难以一一对应。唯西壁一畏兽，肌肉发达，用力将一座小山扛举过头，似乎可以确认此为"挟石"，显然是为"十八畏兽"之一。它们不是作为个别图像被猎奇点缀于《升天图》中，而是作为一个整体而存在，与其他的形象和内容共同组成了《升天图》的叙事结构。所以，我们在以往的考古研究分析中，将畏兽视为新出现的外来神祇或某一中国传统神怪的替代品，可能真的是有点"小看"它了。

▲九原冈壁画中的"雷公"

▲九原冈壁画中的"挟石"

仙人骑龙：出土于《升天图》东壁中部，画面为鹿头独角马蹄凤尾的飞龙之上，一仙人装束的男子，骑于龙背，衣带飘举，神态安详。有专家认为，此图即是墓主人灵魂在飞升途中的写照。

▲九原冈壁画中的"仙人骑龙"

仙女骑鹤：出土于《升天图》西壁中部，画面为一只硕大的天鹅状神鸟，浑身雪白，尾羽翘卷；其背上端坐一位仙人装束的贵妇，容貌雅致，螺髻并立，袖带飘举。其位置与对面骑龙男子相若，判断此图应该是描写墓主夫人与夫君一道灵魂升天。

▲九原冈壁画中的"仙女骑鹤"

毕方：出土于《升天图》西壁前端，上半身已被耕土层破坏，下半身画面也破碎褶皱，但明显可见是一只独脚怪鸟，即《山海经》记载的"毕方"。《西次三经》："章莪之山……有鸟焉，其状如鹤，一足，赤文青质而白喙，名曰毕方，其鸣自叫也，见则其邑有讹火。"《海外南经》："毕方鸟在其东，青水西，其为鸟，人面一脚。"传说毕方为黄帝卫车之神鸟，也有说为致火之妖物，俗称火鸦。

▲九原冈壁画中的"毕方"

除上述之外，还有若干神兽怪鸟的名称，我们也有所猜测，但证据不足，尚未确认。也有不少由于画面破坏过甚，可能永远无法恢复并确定其身份了，遗憾之极。

总而言之，九原冈《升天图》就是以中国传统的神话故事为框架结构：既有象征墓主夫妇飞升的"仙人骑龙""仙女骑鹤（天鹅）"和"仙女骑鱼"，又有"风伯""雨师"开道。陪随墓主人升天的神怪大军中，又以《山海经》神怪为主要职司。成熟而生动的《山海经》神怪图像，使得《升天图》的艺术感染力倍增。

三、九原冈《升天图》研究启示

九原冈《升天图》的出土，给学术界提供了一个巨大的契机，使得我们有机会重新审视《山海经图》研究的得失，并且引发了一些有益的启示。

启示之一：关于南北朝神怪图像，其实以往并不少见，大多以零散状态出现于各类文物遗存中。过去这方面的研究比较简单，议论多重于具体形象代表的意义，而难以企及更深层次的整体结构问题。

九原冈《升天图》之前，河北磁县湾漳北朝大墓壁画中，墓道壁画有各种神兽41个，在仪仗队列上方有各类神兽35个，报告认为，"其大部分则占据着仪仗队列上方广袤的天空，展现了神兽祥瑞的天境。"九原冈《升天图》的出现，使我们认识到，湾漳张"天境图"可能更接近于九原冈《升天图》性质，只是由于没有分栏而与仪仗队列混杂在一起而已。我们可以将其视为九原冈《升天图》的另一个版本，只不过这个版本似乎强调新奇的外来内容和图像艺术，而且气氛渲染大过于主题叙事，但是在升天思维方面没有根本上的区别。

九原冈《升天图》作为主题鲜明的一个叙事整体出现，使考古学家可以重新审视那些零散或局部的图像资料，在更宽广的视野中给予其准确的定位，从而阐明其历史文化意义。

启示之二：《山海经》神怪图像流传，始终是一个动态过程，南北朝特殊的社会动乱局面，使得这个过程更加复杂。

魏晋以后相当长时期，控制中原的是各色胡族。在民族大融合的过程中，必然把各民族文化中对天界（天堂）的想象揉入其中。外来宗教（佛教、祆教、景教、摩尼教）的进入与流行，人们心中朦胧的"天堂"似乎逐渐融合取代了秦汉的"仙境"。特别墓葬壁画载体的出现，从斧凿石刻到笔墨丹青，从轮廓象形到细节描绘，使得升天的愿望图景有了更加具象的表现场所。到北朝晚期，随着丝绸之路的繁盛，以经商和艺术著称的中亚粟特人，大举进入并定居中原。在盛唐文明的前夜，粟特人新奇的宗教信仰和发达的音画艺术，对于重建久经战乱而凋零的中华文明，必然产生巨大的影响，也形成了此时期升天图景的中西杂糅。九原冈《升天图》就是这样一个民族大融合时代的典型标本，具有相当大的认识论意义。

启示之三：在九原冈《升天图》出现之后，重新审视南北朝《山海经》图像的流变，可能是另一番历史面貌。

前已述及，作为"图书"的《山海经图》的亡佚，并不等于《山海经》图像美术文化的中断与消亡。史书记载，郭璞后约200年，南梁大画家张僧繇于6世纪初绘制《山海经图》十卷。约当同时，九原冈北朝大墓《升天图》中的《山海经》神怪图像群完成。

张僧繇《山海经图》亡于南宋，面貌不得而知，但想必其画风应与南朝画像砖相去不远。九原冈《升天图》之恢弘与灿烂，神怪图像之成熟与饱满，作品风格之典雅与飞扬，有目共睹。谁能断言这只是"从头再来"的草创之作？与千年之后明清及日本人弄出来的那些神怪图画相比较，别如云泥，后者才是真正可怜的"草创"。

九原冈《升天图》里程碑式的发现，使得《山海经》学界寻找失去的另一半的梦想，有了实现的可能。

正如马昌仪先生所希望的那样："……尽可能地逐步修复山海经图的传承之链；另一方面，寻找与《山海经》同时代的形象视觉数据，追溯有图有文的《山海经》的原貌。"而修复"传承之链"的最可靠手段，就是紧密追踪和深入研究魏晋南北朝考古的新发现和新成果。

作者简介：渠传福，1953年3月生，山西祁县人，考古专家，山西博物院研究员，主要研究方向为东周、北朝历史文化和美术考古。

后 记

　　《忻州文物·壁画卷》付梓在即，三十多个重点文物保护单位的精美壁画及部分专家学者的精辟论述，将为读者打开一扇尘封已久的窗户，呈现穿越千年的艺术之光。这是忻州市文物局对文化遗产的保护和传承，也是贯彻执行习近平文化思想，让文物和文化遗产"活起来"的又一力作。

　　首先要感谢老祖宗留给我们丰厚的文化遗产，在黄河岸边、在佛教圣地，如天空的星星熠熠发光。其次要感谢长期奋斗在基层的文物工作者，是他们几十年如一日的坚守和担当，才使宝贵的文化遗产得以存续；感谢在历次调查和论证中付出艰辛的专家学者，他们掌握的第一手资料为本书提供了精准的数据；感谢书中所选论文的作者，他们对忻州壁画的深入研究和独特见解，使本书具有极高的学术价值。

　　我们要感谢为本书提供图片的摄影家和基层文物工作者，是他们以高度的责任心和精湛的技艺，为我们留下宝贵的影像资料。

　　感谢在成书过程中给予关怀和支持的各级领导。

　　本书在编制过程中，得到了"五台山文化遗产资源调查及学术整理"项目的主要专家、策划者、组织者、著名宗教文化艺术史学者崔元和教授的大力支持和悉心指导，在此特别致谢。也要特别感谢从事中国古代壁画理论与技法研究的山东理工大学美术学院李玉福教授在本书编印过程中的不吝赐教。

　　感谢所有为编制本书付出努力的幕后工作者。

　　因编者水平有限，书中出现的失误及不妥之处，敬请批评指正。

编者

2023 年 10 月

图书在版编目（CIP）数据

忻州文物．壁画卷 / 忻州市文物局编．-- 太原：三晋
出版社，2023.12
ISBN 978-7-5457-2900-9

Ⅰ．①忻… Ⅱ．①忻… Ⅲ．①文物－介绍－忻州②壁
画－介绍－忻州 Ⅳ．① K872.253 ② K879.41

中国国家版本馆CIP数据核字（2023）第238245号

忻州文物·壁画卷

编　　者	忻州市文物局
责任编辑	落馥香
责任印制	李佳音
装帧设计	山西炎黄智能科技有限公司
出 版 者	山西出版传媒集团·三晋出版社
地　　址	太原市建设南路 21 号
电　　话	0351-4956036（总编室）
	0351-4922203（印制部）
网　　址	http://www.sjcbs.cn
经 销 者	新华书店
承 印 者	山西金艺印刷有限公司
开　　本	889mm×1194mm　1/16
印　　张	31
字　　数	500 千字
印　　数	1－3000 册
版　　次	2023 年 12 月　第 1 版
印　　次	2023 年 12 月　第 1 次印刷
书　　号	ISBN 978-7-5457-2900-9
定　　价	298.00 元

如有印装质量问题，请与本社发行部联系　电话：0351-4922268